Bild

Matteo Pennacchi

Ohne Geld um die Welt

Ullstein

Buch und Autor

Matteo Penacchi (26) wurde in Rom geboren, seine Mutter ist Südafrikanerin, sein Vater Italiener. Er wuchs in Afrika, Frankreich und Italien auf, studierte in Paris Kommunikationswissenschaften, war für die UNESCO in Afrika tätig und arbeitete anschließend in Mailand für eine Werbeagentur. Diesen Job gab er dann auf, um sich seinen großen Traum zu verwirklichen: Ohne Geld in 100 Tagen einmal um die Welt zu reisen.

Seine gewählte Reiseroute: Rom – Wien – Moskau – Peking – Südkorea – USA – Italien.

Sein ganzes Gepäck hatte er in einem Bauchgurt verstaut: Reisepass mit Visa, Zahnbürste und Zahnpasta, ein Paar Boxer-Shorts, Schreibblock und Utensilien für Zaubertricks. Wenn er keine Gönner und keine Jobs gegen Kost und Logis fand, führte er Zaubertricks vor und sammelte dafür Spenden ein.

Bei seiner Rückkehr mit gebrochenem Arm hatte er nach diesem großen Abenteuer acht Kilo weniger auf den Rippen, war aber ansonsten gesund und munter. Sein Fazit: »Es gibt unglaublich viele hilfsbereite Menschen auf dieser Welt.«

BILD

Matteo Pennacchi

Ohne Geld um die Welt

100 Tage unterwegs – Das große Reiseabenteuer

Aus dem Italienischen von Kerstin Becker

Ullstein

Ullstein Taschenbuchverlag 2000
Der Ullstein Taschenbuchverlag ist ein
Unternehmen der Econ Ullstein List
Verlag GmbH & Co. KG, München
Deutsche Erstausgabe

Titel der italienischen Ausgabe:
Il grande sogno (erschienen bei
EDIZIONI PIEMME Spa.)
Umschlagkonzept: Buch und Werbung GmbH,
Berlin
Umschlaggestaltung: Volkmar Schwengle, BuW
Titelabbildung und Abbildungen im Innenteil:
Matteo Pennacchi
Satz und Repro: LVD GmbH, Berlin
Gesetzt aus der Avant Garde
Druck und Weiterverarbeitung: Ebner Ulm
Printed in Germany
ISBN 3-548-42032-X

Inhalt

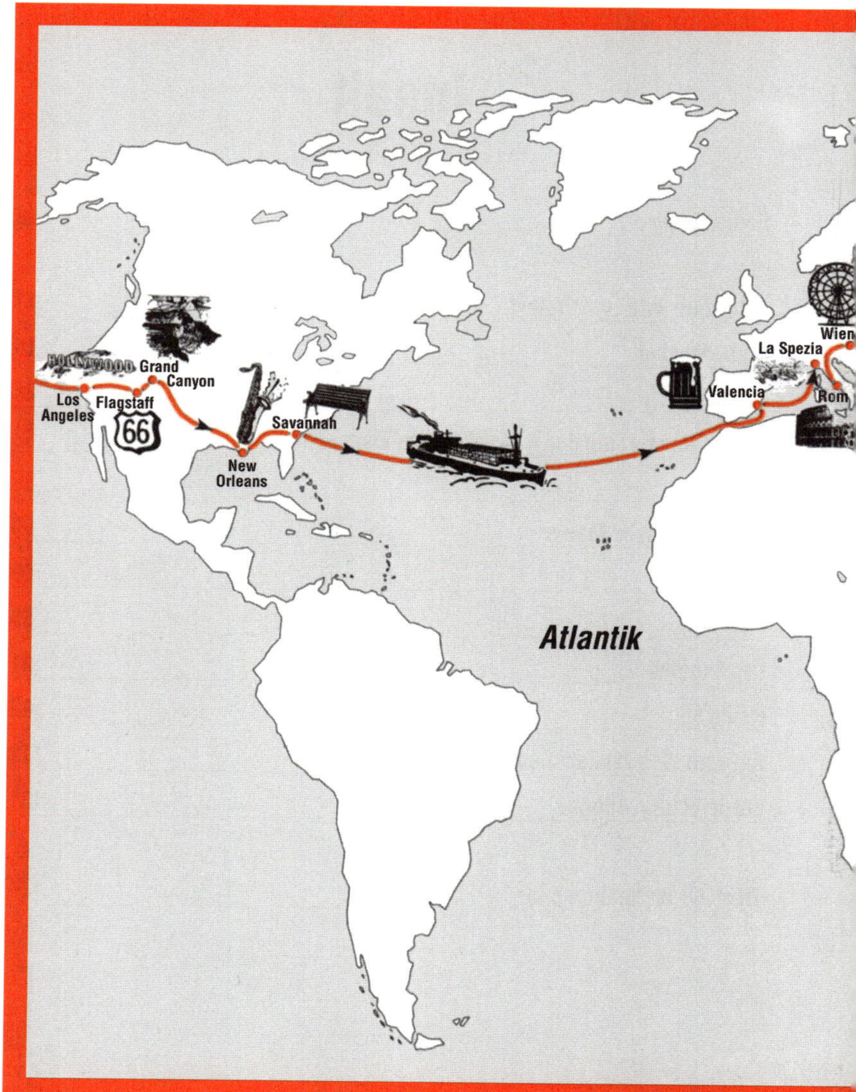
HOLLYWOOD
Grand
Canyon
Los
Angeles
Flagstaff
66
New
Orleans
Savannah
Valencia
La Spezia
Wien
Rom
Atlantik

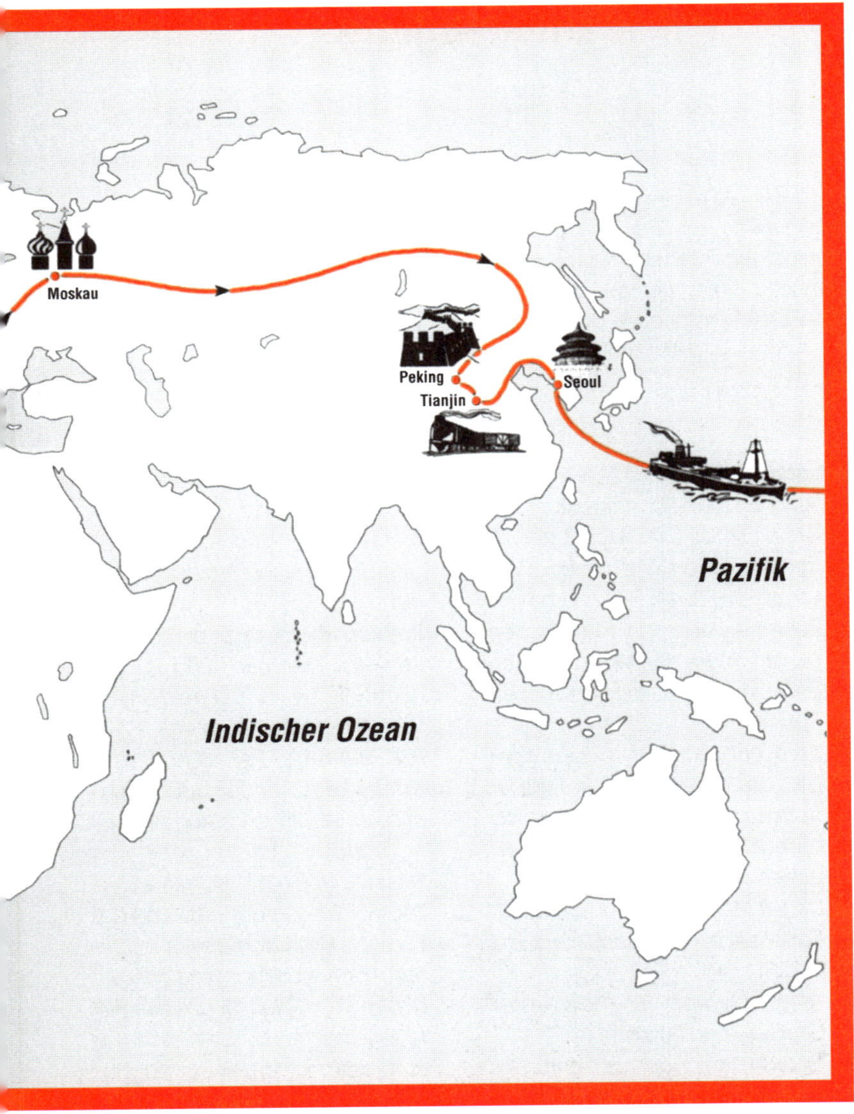
Moskau
Peking
Tianjin
Seoul
Pazifik
Indischer Ozean

Danksagung

Da der Erfolg meines Unternehmens maßgeblich von der Hilfe anderer abhing, möchte ich hier die Gelegenheit nutzen, wenigstens einigen der vielen Menschen zu danken, die es mir ermöglichten, ohne Geld um die Welt zu reisen.

Ich danke …

… Antonio, dem Barmann der Autobahnraststätte »Autogrill«, der mir meinen ersten und letzten wirklich guten Espresso der gesamten Reise servierte. Ich sollte in den darauf folgenden Wochen noch oft von einem solchen Kaffee träumen.

… dem unbekannten Doppelgänger von Lucio Dallas, der mir in der Trattoria »Il Santo« ein Glas Grappa spendierte und mich mit Trucker-Witzen aufheiterte.

… Daniel Mellsop für Würstchen mit Kartoffelsalat in einem Lokal bei Villach.

… Sergej Cepzed für mein erstes Gratisessen in Russland.

… Morvan Pezing, der mich ohne Eintrittskarte in den Kreml einließ.

… dem unbekannten blassen Wikingertypen für die Karotten, die er mir auf dem Markt schenkte.

… Rolf Gunthardt, der mich einen ganzen Tag lang in der Transsibirischen Eisenbahn durchfütterte, nur weil ich ihm geholfen hatte, sein Gepäck zu verstauen.

… Atanow für sein freundliches Schulterklopfen am Ende meiner ersten Zaubervorführung, das mich ermunterte, auf einen Stuhl zu steigen und eine Ansprache zu halten.

… Barbara und Alan für die Tüte mit Konservenbüchsen und Würstchen, die sie mir bei meiner Ankunft in Peking überließen.

… Lee, der mir in Peking half, eine Apotheke zu finden, nachdem mich eine Spinne ins Auge gebissen hatte.

… Fung Shan, der mir meinen ersten Job in Peking verschaffte und bei dem ich mich damals nur mit einem Lächeln bedanken konnte.

… Denise Van Dalen für das eiskalte »Tiger«-Bier, das sie mir in einer Bar am Stadtrand von Peking ausgab. (Schade, dass wir uns erst an Dei-

nem letzten Tag in China kennen lernten).

... Bihan Wuang für den Nachmittag, an dem er mir half, in einem chinesischen Supermarkt für die Küche einer Jugendherberge einzukaufen, und der mich anschließend zu McDonald's einlud.

... Ivan Sholtz für die beiden Filme für die Fotokamera, die er mir schenkte, und für den Löffel Nutella, deren Geschmack ich niemals vergessen werde.

... Mats Sjogreen dafür, dass er mich dazu ermunterte, eine Nacht auf der Chinesischen Mauer zu verbringen.

... Anne und Florence für ihre ausgezeichneten Himbeer-Kekse.

... Dun Mitzu für den Nachmittag, an dem ich irgendwo in China mit ihm Kühe hütete.

... dem unbekannten Bartträger für die vergnügliche Rundfahrt auf seinem Fahrrad in Tianjin.

... Oh Myung Su für die Metrofahrkarten und die Lektionen in Landeskunde, die sie mir in Seoul zukommen ließ.

... der unbekannten kleinen Koreanerin, die mich auch ohne Worte verstand und ihr Mittagessen mit mir teilte.

... Koan Char, der mich gratis in die Diskothek »Gek Cobra« einließ, wo ich mit wunderschönen Koreanerinnen tanzen durfte.

... Dongda Monn für sein Delphinmärchen, das er mir nachts auf einem Frachtschiff erzählte.

... Rod, der meine Pressemappe las und mir dadurch einen Haufen Probleme mit der US-amerikanischen Polizei ersparte.

... Denise für die Coca-Cola, auf die ich solche Lust hatte.

... Terry für die wilde Fahrt im Polizeiwagen, bei der ich mir vorkam wie ein Schauspieler in einem Krimi.

... Ali, der mich in seinem Restaurant ausruhen ließ.

... Slater, der mich von Juans Wohnung nach Venice Beach brachte, für sein Verständnis und zwei Dosen Bier.

... Julia, die Bay-Watch-Lebensretterin, die mich aus dem Wasser holte.

... Alberto Bruni, der mir am Strand von Kalifornien zehn Zigaretten und eine italienische Tageszeitung schenkte.

... dem Unbekannten, der mir ein paar Spritzer Sonnencreme am Strand von Santa Monica spendierte.

... James Ricci für die warmen Frühstücksbrötchen, die er mit mir teilte.

... René, der mich in seinem phantastischen Range Rover mit Klimaanlage durch die USA kutschierte.

... Cory Fisher für den Artikel in der »Los Angeles Times«.

... Alex, der mir seine Rollschuhe lieh.

... den unbekannten Rauchern, die mir Tabak und anderes abkauften und mir auf diese Weise ein Mittagessen finanzierten.

... der wunderschönen Savannah, die mir Beverly Hills zeigte und mich in Venice Beach ins Restaurant einlud.

... Valeria Cola für das Fax aus Australien.

... Ash Hicks für die neuseeländische Münze, die mein Glücksbringer wurde.

... Imke und Pet Jonson für das Frühstück in ihrem Camper.

... Patrizia Cacioli für einen italienischen Abend mitten in Amerika.

... Paola Centomo von der Redaktion »Glamour«, die mich zur Reise ermunterte.

... Papa und Mama für die liebevollen aufmunternden E-Mails, die sie mir schickten, und dafür, dass sie das Manuskript korrigierten.

... Ben, der mir, obwohl es ihm nicht leicht fiel, ein Schoko-Sundae bei Wendy's ausgab.

... Murray Baker für den Nachmittag auf den Straßen von Louisiana.

... Ted für die Mangos.

... Vidette Kay für den Kaffee. Du warst wunderschön.

... Marius Stork, der mir zwei spanische Freunde vorstellte, die mir eine große Hilfe waren.

... dem Polizisten, der mich durch den Zoll von Savannah schleuste.

... Federica für ihr mir so vertrautes Lächeln bei meiner Ankunft in La Spezia.

... Giuseppe Steffenoni, der mich als Schwarzfahrer erwischte, dafür, dass er mich nicht aus dem Zug warf, der mich nach Hause bringen sollte. Was für ein Glück, dass er mich kurz zuvor im Fernsehen gesehen hatte.

Ein Traum wird zum Projekt

Cap Palliser ist ein Fischerdorf im extremen Süden von North Island, Neuseeland. Frank und ich hatten hier im Supermarkt eine tolle Frau namens Kate kennen gelernt, die uns spontan zu ihrer Uni-Abschlussfeier einlud. Nach ungezählten Trinksprüchen auf die Gastgeberin und kiloweise Lammfleisch vom Grilll verließen wir mitten in der Nacht die Party, um einen Platz für unser Zelt zu finden. Wir marschierten etwa eine Stunde lang über Stock und Stein und schmiedeten dabei, aufgekratzt wie wir waren, einen Haufen unausgegorener Zukunftspläne, bis wir endlich den idealen Schlafplatz fanden.

Am nächsten Morgen weckte uns lautes Gejohle. Als ich die Augen aufschlug, blickte ich in drei sommersprossige Lausbubengesichter, die in das Zelt lugten und über unsere Ausdünstungen die Stupsnasen rümpften. Wir hatten auf dem Spielplatz eines Kindergartens übernachtet. Noch bevor wir unsere Sachen gepackt hatten, stand der Schulleiter vor uns und fragte, ob er uns irgendwie weiterhelfen könnte. Wir verneinten verlegen und machten uns vom Acker.

Kate erwartete uns in »Cook's Bar« am Hafen. Während ich ein Kiwi-Frühstück verzehrte, fiel mir das Bild wieder ein, das ich im Traum in der Hand gehalten hatte: eine antike Weltkarte. Ich überlegte, welche Bedeutung der Traum haben könnte, während ich den Fischern zuschaute, die in »Cook's Bar« Dart spielten. Über ein paar leeren Bierkästen hing ein vergilbtes Poster von einem Matisse-Gemälde: Fünf Menschen hielten sich an den Händen und tanzten einen Reigen. Sie bildeten eine symbolische Kette, die die Welt umarmt. Für mich war das wie eine Einladung. In diesem Moment schoss es mir durch den Kopf: Ich bestehe aus Körper, Geist und Persönlichkeit, und so werde ich die Welt umrunden.

Jede Reise hinterlässt eine Vielzahl von mehr oder weniger bewussten Eindrücken. Wahrscheinlich ist gerade die langsame innere Wandlung, die Selbstfindung durch Begegnungen mit anderen, die größte

Motivation für einen Reisenden. Wer weiß, vielleicht hatten die Wochen, die ich unter den Aborigines in Alice Springs verbracht hatte, den größten Einfluss auf meine Intuition gehabt. Was mich an ihnen am meisten beeindruckte, war ihr ganz auf die Vergangenheit gerichtetes Leben, ihr absolutes Desinteresse für die Zukunft.

»Ich bestehe aus Geist, Körper und Persönlichkeit – und so werde ich die Welt umrunden.« Ich wurde besessen von dieser Idee.

Mit meinem Freund Frank hatte ich gleich nach meinem Uniabschluss meine erste Weltreise unternommen: 7000 Mark hatte jeder von uns bei unserer Abfahrt in der Tasche gehabt. Damit besuchten wir fünf Kontinente in acht Monaten. Danach vergingen vier Jahre, in denen ich meine nächste Welfreise vorbereitete: Ein Unternehmen, das noch niemand vor mir gewagt hatte. Ich wollte die Welt ohne Geld und ohne Gepäck umrunden. Und zwar innerhalb von hundert Tagen. 70 000 Kilometer lang würde ich auf die Hilfe anderer angewiesen sein.

Dieses Projekt meldete ich bei der Redaktion des »Guinnessbuch der Rekorde« an. In den Formularen, die man mir aus London zuschickte, musste ich mich festlegen. Ich beschloss, dass meine ganze Reiseausrüstung wie folgt aussehen sollte:

Kleidung:
Eine Hose, ein Gürtel, ein T-Shirt, ein Poloshirt, ein Pullover, eine Jacke, zwei Paar Socken, zwei Boxershorts, zwei Hüte und ein Paar Schuhe.

Gepäck:
Eine Gürteltasche folgenden Inhaltes: Reisepass mit diversen Visa, Zahnbürste, Zahnpasta, drei Wegwerf-Rasierer, Antibiotika, Aspirin, Jodtinktur, Heftpflaster, ein Fotoapparat, vier Filme, ein Spiel für Zaubertricks, eine Sonnenbrille, eine Plastikarmbanduhr, ein Kugelschreiber, ein Schreibblock.

Nachdem es mir gelungen war, mit meinem Vorhaben bei einigen Zeitungen und Zeitschriften zu landen, stellte ich mir darüber hinaus eine Pressemappe zusammen. Und dann hatte ich noch ein Empfehlungsschreiben von meinem Onkel Claudio, einem Jesuitenpater. Er versprach darin, alle Menschen, die mir unterwegs helfen würden, in sein Gebet einzuschließen.

Geld?
Jein.

Darauf freute ich mich: unterwegs zu sein mit der Transsibirischen.

Ganz ohne Geld durfte ich nicht starten: Ich musste 300 amerikanische Dollar mitnehmen, die ich natürlich nicht ausgeben wollte. Ohne die 300 Dollar hätte ich weder in China noch in die USA einreisen dürfen.

Sonst noch was?
Nein. Nichts.

Von meiner Mailänder Mietwohnung aus, einer billigen Mansarde im Viertel Pasteur, der so genannten Bronx von Mailand, bereitete ich die Reise vor. Ich verschickte Faxe an mögliche »Sponsoren« in aller Welt und bat um Gratis-Mitfahrgelegenheiten im Tausch gegen Werbung.
Denn eines war mir klar: Per Autostopp und als blinder Frachtschiff-Passagier würde ich nicht in hundert Tagen die Erde umrunden.

Nach Monaten der Faxerei hatte ich endlich einige Zusagen: Die Firma »US Roads« wollte mir robuste Kleidung stellen, »Canon« sponserte den Fotoapparat. Ein Spediteur versprach Hilfe auf dem Weg nach Russland, zwei Reedereien sagten mir die Ozeanpassagen auf Frachtern zu.

Ich beschloss, im Mai 1998 aufzubrechen. Und bekam plötzlich Zweifel: War es nicht verrückt, für ein wahnwitziges Abenteuer meinen sicheren Job in der Werbebranche und meine Wohnung aufzugeben und mich für mindestens drei Monate von meiner Freundin zu trennen? Ich schaute mich in meiner schon leer geräumten Wohnung um und fragte mich, welchen Sinn es haben sollte, auf meinen gewohnten Komfort zu verzichten, um ohne einen Pfennig Geld in der Tasche um die Welt zu reisen?

Anfang Mai besuchte ich meine Schwester Sarah, die in Rom studiert, um mich von ihr aufmuntern zu lassen.

In der warmen römischen Frühlingssonne wartete ich auf den Marmorstufen am Eingang zur Geisteswissenschaftlichen Fakultät der Universität »La Sapienza« auf Sarah, als mein Handy klingelte. Eine Journalistin der Tageszeitung »La Repubblica« wollte mich interviewen.

»Herr Pennacchi, wir haben von Ihrem geplanten Abenteuer gehört: Welche Botschaft wollen Sie jungen Leuten übermitteln?« fragte sie.
Ich setzte mich auf die Stufen, während Dutzende von Studenten mit gestressten Mienen an mir vorbeihasteten, und dann hörte ich mich sagen: »Meine Reise ist eine Provokation. Ich möchte jungen Leuten Mut machen, eingefahrene Wege zu verlassen, ihr eigenes Leben zu leben, ihre Träume zu verwirklichen.« Noch während ich der Journalistin antwortete, wunderte ich mich darüber, wie flüssig mir diese Sätze über die Lippen kamen, wo ich doch sonst so leicht stecken bleibe.

Ich bin Stotterer. Seit meiner Kindheit lebe ich mit diesem Defekt. Wer mich trösten will, sagt, Stottern wäre ein Zeichen hoher Intelligenz. Aber mir geht es einfach auf den Wecker. Auch deswegen war mein Reiseplan für mich eine besondere Herausforderung: Wenn ich ohne Geld um die Welt reisen wollte, musste ich in der Lage sein, fremde Menschen anzusprechen, ohne lange herumzustottern.

An den letzten Tagen vor meiner Abreise suchte ich Freunde und Bekannte auf, von denen ich mir Ratschläge erhoffte. Der Schriftsteller Stanislao Nievo empfing mich in seiner Wohnung im römischen Diplomatenviertel »Parioli«, in dem er Erinnerungen an Reisen in alle Kontinente hütet. Er erklärte mir, dass man alle fünf Sinne braucht, um Reisen zu beschreiben. Denn Reisen bestehen aus Bildern und Gerüchen, Berührungen und Gaumenfreuden, aus Blicken und Landschaften, Geräuschen und Melodien, vor allem aber aus Gefühlen.

Fabio Riccardi, einen der Verantwortlichen der katholischen »Comunità di Sant'Egidio«, deren großer Fan ich bin, treffe ich in einer Bar auf der Piazza Santa Maria in Trastevere. Er erzählt mir, warum er dieser katholischen Friedensbewegung seine ganze Freizeit widmet. Riccardi spricht mit mir über die Freiheit und darüber, wie wichtig es ist, verschiedene Kulturen zu kennen und anzuerkennen, um Konflikte zu vermeiden. Ich verlasse ihn voller Hoffnung darauf, dass auch ich dazu beitragen kann, den einen oder anderen Ring einer großen Kette der Brüderlichkeit unter den Völkern hinzuzufügen.

Mein Onkel Piero Corradini ist Sinologe und Dozent an der Universität »La Sapienza«. Er gibt mir eine Einführung in das Reich der Mitte: China, das Land der Mistkäfer und 250 Millionen Fernseher. Er gibt mir praktische Überlebenstipps. Und bringt mir ein paar nützliche Sätze auf Chinesisch bei: Denn in der Tat ist China der Teil der Reise, der mich am meisten beunruhigt.

Die letzten drei Tage vor meiner Abreise verbringe ich im Landhaus meiner Eltern in Palestrina bei Rom. Das ist der Ort, an dem ich mich wirklich zu Hause fühle. Mein Vater ist Italiener, meine Mutter Südafrikanerin. Ich wuchs in Afrika, Frankreich und Italien auf und bin in meinen 28 Lebensjahren 14-mal umgezogen, also einmal alle zwei Jahre. Bin ich ein geborener Nomade oder einfach ein unruhiger Geist?

Ich spreche mit meinem Vater in seinem Arbeitszimmer: Hinter ihm stehen zehn Bücherregale voller Reisebeschreibungen, Reportagen, Landesführer. Als Kind liebte ich es, in diesen Büchern und Bänden zu blättern. Dies hier ist der Ort, an dem mein Fernweh wuchs.

Ich verabschiede mich von Eugenio, einem Asylanten aus Rumänien, der bei uns wohnt, und von Ludovico, Anna und ihrem kleinen Sohn Giulio, einer Flüchtlingsfamilie aus Albanien, die bei uns Unterkunft gefunden hat. Ich verlasse mein kleines Universum mit einem Kloß im Hals.

Rom–Moskau

27. Mai 1998, sechs Uhr morgens: Der graue Radiowecker springt pünktlich an. Nachrichten. Was gibt es Neues? Streit im Ministerrat, Ärger im Parlament. Die Eisenbahner wollen streiken, ein pikanter Mordfall gibt Rätsel auf, an der apulischen Küste lief wieder ein Seelenverkäufer voller illegaler Einwanderer auf Sand. Juventus Turin führt die Liga an. Die Stimme des Nachrichtensprechers klingt eindringlich, aber deprimierend. Ich warte auf eine Nachricht, die mich irgendwie inspiriert. Vergeblich.

27. Mai 1998. Heute reise ich ab.

Es scheint ein Morgen wie jeder andere in Palestrina zu sein. Ich öffne wie immer die braunen Jalousien, ich pinkele in dieselbe weiße Kloschüssel, ich trinke den üblichen Espresso mit Zucker. In mein Zimmer zurückgekehrt, betrachte ich meine Reiseausrüstung, die ich am Abend zuvor sorgfältig zusammengelegt habe. Dazu brauchte ich ja nicht lange. Ich ziehe mich langsam an, kontrolliere jedes Detail. Reißverschluss, Knöpfe, Schuhbänder, Gürtel. Werden sie halten? Zuletzt binde ich mir meinen Bauchgurt um.
So verlasse ich das Haus. Ziel? Einmal um die Erde zu reisen.

Vor der Tür hat sich meine Familie aufgestellt, um mich zu verabschieden. Sie geben mir keine Ratschläge mehr, wir tauschen nur Blicke und Umarmungen. Meine Mutter zeichnet mir ein Kreuz auf die Stirn. Mein Vater wartet schon am Steuer seines dunkelblauen Fiat Brava.

Um 7.30 Uhr bin ich mit einem Lastwagenfahrer an der Autobahnraststätte Roma Nord verabredet. Wir fahren zu früh ab. Die Sonne versteckt sich noch hinter den Hügeln von Capranica, aber die Via Prenestina ist schon knüppeldicke voll mit Pendlern. Mein Vater sagt kein Wort. Er hat nicht einmal das Radio angestellt. Auch ich schweige. Ich weiß, dass mein Vater darauf wartet, dass ich irgendetwas von mir gebe, aber ich habe Angst davor, dass er die Panik bemerkt, die langsam in mir aufsteigt.

Mir geht die Melodie von »Yellow Submarine« von den Beatles durch den Kopf. Als ich mit meinen Eltern in Afrika lebte, haben wir das immer auf den endlosen Strecken in unserem Landrover gesungen. Ich summe das Lied. Mein Vater singt mit. Endlich ist das bedrückende Schweigen gebrochen. Wir versuchen, uns an andere Lieblings-Familienhits zu erinnern. Und während wir Songs von Lucio Dalla und Gino Paoli singen, erreichen wir unser Ziel: die Raststätte Roma Nord.

Ich suche auf dem rappelvollen Lastwagenparkplatz meinen Truck der Firma »Inter Trade«. Schwarzgelb soll er sein. Ich finde ihn nicht.

Jetzt bloß keine Panik! Es ist ja erst 7.15 Uhr. Wir beschließen, in der Raststätte zu warten. Der Tresen ist überfüllt. Stimmen schwirren durch den Raum. Fremdsprachen vermischen sich mit Akzenten aus allen Teilen Italiens. Die italienischen Autobahnraststätten haben mir immer gut gefallen: Sie haben die Atmosphäre von Freihäfen. Aber heute kann ich den Trubel nicht richtig genießen. Ich bin nervös.

Es ist 7.35 Uhr. Auf dem LKW-Parkplatz ist noch immer kein gelbschwarzer Laster zu entdecken. Mein Vater wartet in seinem Auto. Und lässt mich nicht aus den Augen. Ich stehe verloren zwischen den Trucks.

Um 7.50 Uhr rollt ein gigantischer Lastwagen mit gelbschwarzem Anhänger auf den Parkplatz der Raststätte. Ich winke dem Fahrer zu. Er grüßt zurück.

Ich drehe mich um und zeige meinem Vater an, dass alles in Ordnung ist. Er lehnt sich aus seinem Wagen, lächelt mir zu, streckt den Arm aus und hebt den Daumen. Das ist seine Art, mir seinen Segen zu geben. Dann fährt er ab.

Der Lastwagen hält praktisch vor meinen Füßen. Aus dem Seitenfenster beugt sich ein dunkler Lockenkopf mit Schnurrbart.
»Bist du Matteo Penacchi?«
»Ja!«
»Guten Morgen. Ich bin Renato.«

Der Fahrer steigt aus. Renato ist klein, kräftig und trägt ein rotes Muskelshirt. An seinem Hals baumelt eine dicke Goldkette.

Um diese Mitfahrgelegenheit zu erbetteln, habe ich mehrere Dutzend Faxe an Transportfirmen verschickt, die ich aus den Gelben Seiten herausgesucht hatte. Renato, ein selbständiger Fahrer, war der Einzige, der sich dazu bereit erklärte, mich gratis von Rom auf den Weg nach Moskau zu bringen. »Ich hab was übrig für verrückte Ideen«, hatte er damals am Telefon gesagt. »Ich will der Erste sein, der dir weiterhilft.«

Jetzt steht er vor mir und gibt mir in der Raststätten-Bar, in der ich eben noch mit meinem Vater gestanden hatte, einen Espresso aus. Dann darf ich auf seinen Beifahrersitz klettern. »Willst du nicht wissen, was wir geladen haben?« fragt er.
Natürlich will ich es wissen.
»Olivenöl und Schweinefleisch für die Österreicher«, sagt Renato. Dann pfeift er durch die Zähne und ruft »On the road again!« in breitestem Italo-Englisch und rollt auf die »Autostrada del Sole« in Richtung Norden.

Wir sitzen zweieinhalb Meter hoch: Von hier aus glaubt man, die ganze Autobahn im Griff zu haben. Ich war schon mit Lastwagen gefahren, vor allem in Afrika, wo ich auf staubigen Pisten per Anhalter unterwegs gewesen bin. Aber Renatos Laster ist etwas anderes: Sein Gefährt ist außergewöhnlich komfortabel. Es hat eine Klimaanlage, alle möglichen elektronischen Geräte, Automatikgetriebe, Minibar, Fernseher und schwarze Ledersitze, angeblich orthopädisch. Renatos Schlafkabine ist mit einer Luxusmatratze, einem Kleiderschrank, einer Leselampe, einem Wecker und einem Bild des heiligen Christophorus ausgestattet.

»Weißt du, ich wohne ja eigentlich in meinem Mercedes. Ich fahre 100 000 Kilometer im Jahr und bin an 250 Tagen unterwegs. Deshalb habe ich es mir so gemütlich wie möglich gemacht. Jetzt fahren wir durch bis Florenz und kurz vor Bologna machen wir eine Pause, okay?« fragt Renato, und dann sagt er eine Stunde gar nichts mehr. Er schaut wie hypnotisiert auf die Straße vor uns. Aber während er fährt, bewegen sich seine Lippen. Renato redet mit sich selbst! Gelegentlich flucht er auch oder haut mit der Hand auf das Lenkrad: Wohl seine Art, sich wach zu halten, während wir an diesem strahlenden Frühlingstag durch die grünen Hügel der Toskana rollen.

Nach einigen Kilometern merke ich, dass ich anfange, mich zu entspannen. Die Panik, die am Morgen in mir aufgestiegen war, ist weg. Genauso fühlte ich mich, als ich an der Uni Theater spielte. Vor jedem Auftritt starb ich fast vor Lampenfieber, aber sobald ich auf der Bühne stand, lief alles wie geschmiert.

»Warum fährst du Lastwagen?« breche ich das Schweigen.
»Ich bin gern unterwegs«, sagt Renato. »Liegt in der Familie. Mein Vater war auch Trucker.« Dann bietet er mir eine Gitane ohne Filter an. Ich nehme einen Zug und denke daran, dass ich mir das Rauchen in den kommenden Monaten wohl zwangsläufig abgewöhnen werde. Schließlich habe ich keinen Pfennig in der Tasche.

Renato wohnt in Latina, einer Industriestadt zwischen Rom und Neapel. Er ist verheiratet, hat zwei Kinder und fährt seit 14 Jahren kreuz und quer durch Europa. »Der Asphalt ist Raum, Richtung, Bewegung«, sagt Renato. »Außerdem hat man Zeit zum Sehen und zum Nachdenken. Und die Kollegen sind in Ordnung.« Er zeigt mir sein Funkgerät. »Ist immer einer zum Quatschen da.« Renato funkt seinen Kumpel »Spider« an, der hundert Kilometer vor uns unterwegs ist und uns seinen persönlichen Verkehrsbericht durchgibt.

An Renatos Spiegel hängt ein Bronzeschild mit der Inschrift »Er Vipera«. »Die Viper. Das bin ich«, sagt Renato. »Als ich 16 war, hat mich eine gebissen. War heikel, aber ich bin dem Tod noch mal von der Schippe gesprungen. Da hab ich mir eine schöne Viper auf den Rücken malen lassen.« Er beugt sich vor, hebt sein Muskelshirt und zeigt mir die große eintätowierte Schlange, die sich bewegt, wenn Renato die Rückenmuskeln anspannt.
»Gute Arbeit«, sage ich und schiebe den Ärmel meines T-Shirts hoch. Auch ich habe eine kleine Tätowierung auf meinem Oberarm. Ein Andenken an meine letzte Reise. Meine Mutter war darüber entsetzt, aber bei Renato kommt das Werk gut an. Er zwinkert mir brüderlich zu.

Als wir uns Bologna nähern, fährt Renato von der Autobahn ab und steuert die Trattoria »Il Santo« an. »Der Koch Franco macht das beste Steak Italiens«, sagt er. In dem rustikalen Restaurant begrüßt Renato zahlreiche Kollegen und ruft dem Koch zu: »Franco, mach uns zwei von deinen Riesendingern!« Renato weiß, dass ich nicht bezahlen kann. »Genieß dein Essen!« lädt er mich ein. »So was Gutes kriegst du bestimmt so bald nicht wieder.«

Er sollte Recht behalten. Mein Cousin Lele hatte sich vor meiner Reise auch Gedanken gemacht und mir seine »Kamel-Theorie« nahe gelegt. Ich habe sie im letzten Monat vor meiner Abreise befolgt und aufgehört, regelmäßige Mahlzeiten einzunehmen. Stattdessen stopfte ich mich an einigen Tagen so voll wie möglich, um anschließend ein bis zwei Tage zu fasten. Mein Magen und mein Hirn sind ganz gut damit zurechtgekommen.

Nach der Mahlzeit macht Renato ein paar Gymnastikübungen neben seinem Laster, bevor er seinen kraftvollen Mercedes-Motor wieder anlässt und wir uns in Richtung Udine aufmachen. Wir fahren durch die fruchtbaren Ebenen der Region Padana. Aber ich habe keinen Blick für die Landschaft. Ich denke an die kommenden Tage und höre wieder mein Herz klopfen. Wie wird es mir ergehen, wenn Renato mich abgesetzt hat? Ich versuche mich daran zu gewöhnen, keine Pläne mehr zu machen und keine Gewissheiten über das Morgen mehr zu haben, sondern nur noch von Augenblick zu Augenblick zu leben. Noch geht es mir blendend.

»Ich bin ja sozusagen ein Berufsreisender«, sagt Renato. »Weisst du, ich schaukele nicht nur dieses Monster hier durch die Gegend. Wenn ich unterwegs bin, schaue ich mir die Städte an, die ich noch nicht kenne, ich helfe Leuten in Not, ich lerne Fremde kennen. Wer nicht reist«, sagt der Mann mit Goldkette und Muskelshirt, »hat einen Haufen Vorurteile. Reisen macht tolerant.«
Ich staune über den Philosophen am Steuer, der jetzt schweigt, während sein Laster Kilometer um Kilometer frisst. Ich schaue auf den weißen Streifen der Autobahn und nehme mir vor, in den USA wenigstens ein Stück meines Weges auf der Route 66 zurückzulegen, der berühmten Straße der Beat-Generation.

Mein erster langer Reisetag neigt sich dem Ende zu, und ich fotografiere den Sonnenuntergang. Am späten Abend nähern wir uns Udine. In der Stadt lebt mein Cousin Arturo. Ich würde ihn jetzt gerne besuchen, Quartier in seinem schönen Haus aufschlagen und seinen guten Rotwein trinken. Aber morgen habe ich in Österreich eine Verabredung mit einem anderen Lastwagenfahrer.

Renato fährt jetzt von der Autobahn ab und stoppt seinen Laster auf dem Parkplatz einer Tankstelle bei Tricesimo. Wir sind nicht die einzigen Trucker, die hier übernachten. Draußen ist es kalt und neblig, und aus einem der Lkws ertönt die rauchige Stimme von Paolo Conte, die mich an zu Hause erinnert. Wir essen in einer kleinen Bar hinter der Tankstelle zu Abend, an einem Plastiktisch unter Neonlicht.

Ich putze mir in der Toilette der Bar die Zähne und mache eine Katzenwäsche. Dann begleite ich Renato zu seinem LKW. Er hat mir eine Wolldecke über die Sitze gelegt. Er selbst schläft auf dem Bett über der Fahrerkabine. Er wünscht mir eine »Buona Notte« und schaltet die Lichter aus. Ich kann nicht gleich einschlafen. Ich bin aufgeregt. Morgen werde ich die erste Landesgrenze überqueren.

An den ersten Tagen einer langen Reise ist der Morgen für mich immer überraschend: Ich träume sehr intensiv und kann mich beim Aufwachen schwer orientieren. Wo bin ich? Ach ja, in einem Laster am Rande der Autobahn. Unterwegs, ohne Geld, ohne Gepäck.

Die Scheiben des Lasters sind beschlagen. Renato lädt mich in der Bar, in der wir zu Abend aßen, auf einen Espresso ein und gibt mir auch ein süßes Hörnchen aus. Dann machen wir uns wieder auf den Weg. Ich nicke ein, bis wir Tarvisio erreichen: die Grenzstation nach Österreich. »Dank der EU gehen sie uns hier wenigstens nicht mehr mit großen Kontrollen auf die Eier«, freut sich »Er Vipera«. Ich freue mich über die schneebedeckten Berggipfel, die man von hier aus sehen kann. Wir sind nach wenigen Kurven in Villach. Hier war ich mal mit meiner Familie im Urlaub: Ich erinnere mich an schnelle Pisten und ungezählte Tassen heißer Schokolade mit Schlagsahne. Von solchen Genüssen werde ich in den nächsten Monaten nur träumen können. Renato spendiert mir eine Gitane ohne Filter.

Bei Graz wird die Landschaft flacher. Auf satten grünen Weiden voller Gänseblümchen grasen dicke österreichische Kühe. Ich bekomme plötzlich Lust auf Sachertorte.

Renato ist schweigsam. Als wir uns Wien nähern, beginnt es zu regnen. Ich betrachte die Scheibenwischer, die gegen die Tropfen kämpfen. Am Horizont kann ich das Riesenrad des Praters erkennen. Als ich ein Kind war, durfte ich einmal damit fahren. Heute kommt mir die Attraktion viel kleiner vor, als ich sie in Erinnerung hatte.

Am Abend halten wir auf einem Lkw-Umladeplatz voller Lagerhallen am Stadtrand von Wien. Mir ist kalt, dabei trage ich alle Kleider, die ich dabeihabe. »Da sind wir. Jetzt gibt's was auf die Gabel«, sagt Renato und führt mich in eine Halle, in der die Verwaltung untergebracht ist. Ich zeige einer jungen Frau das Fax, das mir die Weiterreise nach Moskau garantiert. Ein deutscher Fahrer namens Stephan will mich mitnehmen. Die Frau fotokopiert meinen Pass und sagt: »Alles klar. Stephan ist in der Kantine.«

Renato weist mir den Weg: Wir betreten einen neonbeleuchteten Raum, in dem es riecht wie an einer Würstchenbude. An den Wänden hängen Fotos von Lastern und nackten Frauen. Etwa zehn Lkw-Fahrer sitzen an den Tischen. Renato bringt mir einen Teller Würstchen mit Sauerkraut. Dazu gibt es ein Glas Fanta.
Dann stellt er mir Stephan vor: »Das ist der Mann, der dich nach Moskau bringt.«

Mein neuer Gastgeber ist mager. Er hat blonde Rastazöpfchen und einen Spitzbart. Er trägt, typisch deutsch, einen buntglänzenden Trainingsanzug aus Nylon und Pantoffeln zu weißen Socken. Er nickt mir nur kurz zu und wendet sich wieder seiner Mahlzeit zu. Auch ich lange kräftig zu und erinnere mich an die »Kamelübung«: Am Tresen bitte ich um eine weitere Portion Würstchen mit Sauerkraut, die mir prompt ausgehändigt wird.

Die Trucker-Kantine erinnert an ein Krankenhaus-Restaurant. Man sieht bleiche, müde Gesichter, Tische, Stühle und Tischdecken sind aus abwaschbarem Plastik. Zwei Frauen in weißen Kitteln räumen ab. Stephan lässt Grappa kommen, gibt mir einen aus und verabschiedet sich bis zum nächsten Tag. Ich übernachte noch einmal in Renatos Laster.

Renato weckt mich im Morgengrauen. Ich bedanke mich bei ihm und verspreche, ihn anzurufen, sobald ich von meiner Weltreise zurückgekehrt bin. »Schick mir eine Ansichtskarte aus Amerika, wenn du dort tatsächlich ankommen solltest«, sagt »Er Vipera« und umarmt mich. »Natürlich per Nachnahme.«

Stephan sitzt schon am Steuer. Wir starten in einen trüben Regentag. Die Fahrerkabine seines roten Iveco ist modern und geräumig, aber nicht so luxuriös ausgestattet wie die von Renato. Wir haben einen blauen Auflieger, beladen mit Baumaterial und vier Zahnarzt-Behandlungsstühlen für Kunden in St. Petersburg.

Von jetzt an wird englisch gesprochen. Ich beherrsche die Sprache gut, dank meiner Mutter, die aus Südafrika stammt. Und wenn ich eine Fremdsprache spreche, fällt mein Stottern weniger auf: Ich kann mein Handicap besser verstecken, indem ich so tue, als müsste ich nach den richtigen Worten suchen, und damit bin ich auch nicht so schüchtern und bleibe weniger häufig stecken.

Wir fahren an Poysdorf vorbei und erreichen die Tschechische Grenze. Dutzende von Lastwagen stehen mit laufenden Motoren im Stau vor dem Grenzübergang. In einem klapprigen Pickup vor uns versucht ein Familienoberhaupt, seine zahlreichen Kinder zu beruhigen, die mit in der Kabine sitzen. Hinten auf der Ladefläche sehe ich zusammengerollte Matratzen, Pappkartons und Plastiktüten, die im Wind flattern wie Fahnen.

Die Gesichter der Grenzbeamten sind streng und ausdruckslos. Typisch osteuropäisch? Aber vielleicht liegt das einfach an der Kälte. Am Zollbüro steigt Stephan aus, um seine Ladung zu deklarieren. Ich zeige einem Polizisten meinen Reisepass. Er mustert mich einen Augenblick. Dann winkt er mich durch. Es gelingt mir nicht, ihm ein Lächeln zu entlocken.

Es ist wirklich kalt, aber meine Goretex-Kleidung scheint ganz brauchbar zu sein. Gott sei dank: Denn sie wird wahrscheinlich im Laufe meiner Reise noch Minusgrade aushalten müssen.

Auf tschechischem Gebiet fahren wir an Seen, Flüssen und dichten Wäldern vorbei in Richtung Brno. Die Landwirte haben dicke Wollklamotten an und beackern, zum Teil mit Traktoren, zum Teil mit Ochsen, ihre schweren Böden. Die warme Luft, die sie ausatmen, formt kleine Wolken.

Stephan ist noch viel schweigsamer als Renato. Ich weiß nicht, ob das daran liegt, dass er nicht gut Englisch spricht, oder ob er einfach genervt ist, mich dabeizuhaben. Im Gegensatz zu Renato, der Lust hatte, mir zu helfen, wurde Stephan offenbar gezwungen, mich mitzunehmen. Sein Chef hatte auf meine Bittschriften reagiert. Weiß Stephan überhaupt, dass ich kein Geld dabeihabe?

Auf dem Armaturenbrett liegen Dutzende von Kassetten, in alphabetischer Reihenfolge geordnet. Aerosmith, Boccelli, Elvis, Sinatra. Ich lege die Beach Boys ein, um die bedrückende Stille zu unterbrechen.

Zum Mittag halten wir in Prostějov, einem Städtchen in Böhmen. Die Straßen sind schmal. Das Parken ist kompliziert. Stephan reckt die Glieder, als er aussteigt, und führt mich in ein winziges Lokal, das in einem Holzhäuschen neben einer verwaisten Schule untergebracht ist. Drinnen ist es rappelvoll: Ich folge Stephan an den Tresen. Er bestellt zweimal Suppe, Würstchen und Pommes Frites und zwinkert mir zu, als er für mich mitbezahlt. Mir fällt ein Stein vom Herzen.

»Dieses Lokal ist berühmt unter Lkw-Fahrern«, erklärt Stephan, »weil der Besitzer früher ebenfalls Fahrer war und ins Guinness-Buch der Rekorde gekommen ist. Er hat einen Laster mit zwei Anhängern 30 Meter weit gezogen: An einem Seil zwischen seinen Zähnen!« Die Fotos an den Wänden bezeugen die Heldentat. Aber der Herkules ist heute nicht da: Er liegt mit Grippe im Bett.

In dem Lokal essen Fahrer aus Deutschland, Frankreich, Russland und Osteuropa, und plötzlich höre ich auch ein mir vertrautes »Vaffan'-culo!« (Fick dich in den Arsch). Hier gibt es auch einen Italiener!

Ich sehe meinen Landsmann am Ende des Tresens. Er schwingt eine Sportzeitung und diskutiert mit einem Hünen. Offenbar geht es um Fußball. Ich nähere mich, um zwei Worte Italienisch mit ihm zu wechseln, und bemerke erst jetzt, dass die beiden nicht diskutieren, sondern heftig streiten. Der Italiener bekommt eine Ohrfeige, taumelt und geht direkt vor mir zu Boden. Ich helfe ihm beim Aufstehen und flüstere ihm zu, dass ich auch Italiener bin. Aber das interessiert ihn nicht die Bohne. Er verlässt wortlos das Lokal.

Ich kehre zu meinem Tisch zurück und verspeise meine Mahlzeit mit Heißhunger. Dann verlassen wir das Lokal und kehren durch triste Straßen zu unserem Laster zurück. Stephan erklärt mir, dass alle jüngeren Bewohner diesen kleinen Ort in den letzten Jahren verlassen haben. Zurückgeblieben sind nur die Rentner und die Lastwagenfahrer, die hier Pause machen. Es beginnt zu schneien. Flocken fallen auf die Windschutzscheibe. Wir kommen nur langsam voran.

Ich fülle die ersten Seiten meines Reisetagebuchs, mache einige Fotos, und so vergeht der Nachmittag, während wir Stephans Kassetten durchhören. Bei Sonnenuntergang erreichen wir Cieszyn, ein Städtchen an der Grenze nach Polen, die zweite Grenze des Tages.

Vor uns warten mindestens 50 Laster. Der Schnee draußen wird immer dichter. Stephan dreht die Heizung höher. Als wir uns endlich dem Grenzübergang nähern, blicke ich aus dem Fenster und stelle mir vor, wie es wäre, wenn Stephan mich jetzt rauswerfen würde. Ich würde da draußen stehen, im Dunkeln, im Schneetreiben, mit meinen paar Klamotten am Leibe, ohne Geld in der Tasche und ohne ein Wort Polnisch zu verstehen. Spätestens in Moskau werde ich genau diese Situation meistern müssen. Ich bekomme wieder Magendrücken.

Wir sind endlich dran: Stephan drückt dem Zöllner eine Stange Marlboro in die Hand, und der lässt uns ohne Kontrolle passieren.

Wir sind in Polen und fahren in Richtung Krakau. Im Dunkeln durchqueren wir das Industriegebiet Bielsko-Biala. Niemand ist auf der Straße, keine Beleuchtung weist uns den Weg. Sogar die Ampeln sind ausgeschaltet. Ich habe den Eindruck, durch eine Geisterstadt zu fahren. Stephan schaltet sein Funkgerät an und erfährt, wo er hier eine warme Mahlzeit ergattern kann. Wir essen im »Nogat«, einer heruntergekommenen Spelunke an einer Tankstelle.

Drinnen sitzen Männer, die viel trinken und laut brüllen. Es scheint, als würden die Leute im Osten überhaupt nur dann reden, wenn sie betrunken sind. Der junge Kellner spricht mich an, aber ich verstehe kein Wort. Stephan lacht und erklärt: »Er will deine Schuhe. Dafür bietet er zwei Portionen Truthahn und eine Flasche Wein.« Ich schlucke. Stephan zwinkert mir zu. Er zahlt für mich, und ich darf meine Schuhe behalten. Barfuß würde ich wohl kaum die Welt umrunden können.

Im Lastwagen schlafe ich schlecht. Ich stinke nach Schweiß, und Stephan schnarcht.

Am nächsten Morgen ist der Himmel blau, und die blasse Frühlingssonne erhellt die verschneiten Hügel. Stephan ist gut drauf. »Ich schaue beim Fahren gern den Himmel an«, sagt er. »Aber noch lieber schaue ich Frauen auf den Arsch.« Er zeigt mir seine geheime Bibliothek: Unter seinem Kopfkissen hütet er mindestens zwei Dutzend englischer Pornohefte. Beim Durchblättern seiner Schätze amüsiere ich mich vor allem über die überflüssigen Bildunterschriften unter den Fotos.

Wir fahren durch Krakau, und ich denke, dass es verdammt schade ist, Osteuropa zu durchqueren, ohne wenigstens einen Blick auf diese schöne Stadt oder auch auf Warschau oder auf Prag geworfen zu haben. Aber meine Reise ist auch ein Wettlauf gegen die Zeit. So kann ich nur die flache Landschaft Polens sehen und Stephans Kassetten durchhören, bis wir am nächsten Abend in Białystok ankommen.

Wir halten auf einem Lastwagenparkplatz an einem Holzhaus, in dem ein Esslokal untergebracht ist. Draußen ist es so kalt, dass ich Schwierigkeiten habe, auf den Schnee zu pinkeln.

Hinter den Fensterscheiben des Lokals hängen rote Vorhänge, durch die diffuses Licht dringt. Am Eingang hängt ein Playboyhäschen. Wir treten ein.

Ein großer bärtiger Typ umarmt Stephan zur Begrüßung. Ich dränge mich durch die Menge in Richtung Tresen. Drinnen wird ein Song von Abba gespielt. So laut, dass man kaum sein eigenes Wort versteht. Ich bin von Männern umzingelt, die alle mindestens zwei Köpfe größer sind als ich. Überall stehen riesige Bierkrüge. Es gelingt mir, mir einen zu schnappen, der noch halb voll ist. Stephan setzt sich zu einer Gruppe Kollegen an einen Tisch. Sie tragen allesamt Schnurrbart. Ich schaue mich um.

Auf den ersten Blick scheinen in diesem Lokal nur Männer zu verkehren. Doch dann entdecke ich im Dämmerlicht an den Ecktischen lächelnde Blondinen, die nichts trinken, sondern nur auf irgendwas warten. Gelegentlich steht eine von ihnen auf und verschwindet mit einem Mann. Bin ich in einem Bordell gelandet?

Plötzlich geht ein Scheinwerfer an und beleuchtet drei halbnackte Mädchen. Einige der Männer, unter ihnen auch Stephan, springen begeistert auf und bilden einen Kreis um die Stripperinnen. Ich nutze die Gelegenheit, mir eine weitere Maß Bier und einen verwaisten Teller mit Wurstbroten unter den Nagel zu reißen. Unterdessen bilden sich um mich herum lauter Pärchen. Auch mir zwinkert ein Mädchen zu. Ich gehe ihr aus dem Weg.

Kurz darauf entdecke ich Stephan, der gleich zwei üppige Huren im Arm hat. Er wirft mir den Lastwagenschlüssel zu und sagt, er befinde sich in guten Händen, und ich möge es mir in seinem Wagen bequem machen.

Genau das tue ich. Während ich auf den Sitzen des Iveco einschlummere, höre ich draußen Pärchen wispern und kichern, die von einem Lastwagen zum nächsten wechseln.

Am nächsten Morgen weckt mich Stephans Schnarchen. Ich putze mir auf dem Klo des Puffs die Zähne. Als

Abschied von Igor, dem Rambo unter den Lastwagenfahrern.

ich zurückkomme, ist auch Stephan wach, und wir brechen sofort auf. Er sieht leichenblass aus und fährt ein wenig eierig durch die verschneiten Ebenen Masurens. Dazu hören wir die Countrymusik von dem Trucker Jim Croce, der – noch blutjung – auf einer Straße Kaliforniens sein Leben verlor. Stephan hat beschlossen, jetzt ohne Pause bis Moskau durchzufahren. So verbringe ich die Nacht damit, ihn mit Anekdoten aus meinem Leben wach zu halten. Wir reden vor allem über Frauen.

Gegen sechs Uhr morgens erreichen wir den Stadtrand von Moskau. Stephan setzt mich wie geplant am alten Flughafen Wnukowo ab. Wir geben uns die Hand, und dann ist sein blauer Laster weg. Hier draußen ist es eisig kalt.

Moskau

Ich befinde mich auf dem Parkplatz des Flughafens Wnukowo. Die Sonne geht gerade auf. Langsam gehe ich rüber zum Flughafengebäude.

Ich hätte nicht erwartet, dass der schwierige Teil meiner Reise ausgerechnet auf dem Moskauer Flughafen beginnen würde. Im Gegensatz zu Bahnhöfen finde ich Flughäfen unromantisch. Der Moskauer Flughafen ist extrem unpersönlich. Und die Menschen, denen ich hier begegne, sehen ungemein ernst und mit sich selbst beschäftigt aus. Wem soll ich mich nähern?

Ich spüre, dass mein wirkliches Abenteuer genau jetzt beginnt. Und ich bin froh, dass ich mich darauf vorbereitet habe: In den letzten Monaten vor meiner Abreise habe ich täglich in einem Box-Club in meinem Mailänder Wohnviertel trainiert. Ich hatte gehofft, mir auf diese Weise ein paar Muskeln zuzulegen und ein bisschen Kampfgeist zu entwickeln. In den letzten drei Wochen hat der Trainer mich auch in den Ring geschickt. So sehr mir das Training mit Punching-Ball und allerlei Fitnessgeräten gefallen hatte, so unwohl fühlte ich mich, als ich einem Gegner gegenüberstand, der mich zwang, aus purem Selbstschutz so hart wie möglich auf ihn einzuschlagen. Aber jetzt bin ich froh über diese Übung. Die ersten fünf Tage meiner Reise sind ein Trainingslager gewesen. Heute beginnt der Wettkampf.

Ich muss zunächst jemanden finden, der mich gratis ins Stadtzentrum von Moskau bringt. Mein Herz klopft. Ich sollte erst mal entspannen. Dazu suche ich mir einen bequemen Platz im beinahe voll besetzten Wartesaal der Ankunftshalle. Dann schließe ich die Augen und atme aus, bis alle Luft meine Lungen verlassen hat. Ich warte sechs Sekunden, dann atme ich langsam tief ein. Diese Übung, die ich vor Jahren während einer stürmischen Überfahrt zwischen Lombok und Bali von einem indonesischen Seemann gelernt habe, wiederhole ich zehnmal.

Noch bevor ich die Augen wieder geöffnet habe, spüre ich, dass jemand meine Hand berührt: Vor mir steht ein kleiner blonder Junge, grinst mich an und läuft dann zu einer Frau, die ganz so aussieht, als sei sie seine Mutter. Auch sie ist blond, hat freundliche blaue Augen und lächelt mir zu.

Ich mit meinen Boxkampf-Überlegungen. Was für ein Quatsch!

Ich lächle so charmant wie möglich zurück und sage auf Englisch: »Ich suche jemanden, der mich mit in die Stadt nehmen kann.« Ich habe doppeltes Glück: Die blonde Frau versteht mich und antwortet: »Wir sind aus Tallinn gekommen und warten hier auf meinen Bruder, der uns abholen wollte. Er nimmt Sie sicher mit.«

Wenige Minuten später tauchen der Bruder und ein weiterer Mann auf. Ich werde nicht gerade freundlich ins Auto geladen, und da ich hinten zwischen dem Gepäck sitze, wäre jeder Versuch, eine weitere Unterhaltung anzuspinnen, zwecklos gewesen. Die Straßen der Moskauer Vorstadt sind so langweilig wie die in allen großen Städten, nur etwas breiter und noch trister. Die vielstöckigen Plattenbau-Wohnklötze in Würfelform sind grau in grau.

Ich werde an einer Straße ausgeladen, die nur wenig belebter aussieht als die, durch die wir eben gefahren sind. »Ins Stadtzentrum geht's da lang«, sagt der Bruder unwirsch. Ich kann mich nur flüchtig von dem Buben und seiner hübschen Mutter verabschieden. Da gibt er schon Gas und lässt mich stehen.

Die Atmosphäre im Auto war so gespannt und so wenig familiär gewesen, dass ich mich frage, ob dieser Mann wirklich der Bruder der Blondine aus Estland war. Vielleicht hat er ihr einen Job in Moskau versprochen, und die schöne Baltin landet bald auf dem Strich? Oder geht da meine Fantasie mit mir durch?

Wie auch immer: Ich muss jetzt sehen, wie ich weiterkomme. Ich habe weder einen Schlafplatz noch etwas zu essen. Wahllos einen Passanten anzuquatschen hat sicher wenig Sinn. Ich sollte wohl erst mal das Stadtzentrum suchen.

Ich schlage den Weg ein, hinter dem ich das Zentrum vermute, und hoffe, den Kreml zu finden. Ich gehe an majestätischen alten Adelspalästen vorbei, die nichts von ihrer Opulenz verloren haben, und versuche mir ein Bild vom typischen Russen zu machen. Vergeblich: Die westliche

Mode hat Moskau längst erobert. Ich sehe Frauen in Miniröcken, Mädchen in phosphoreszierenden Stöckelschuhen, Jungs mit Ohrringen und Rollerblades: Der Kommunismus, die Utopie der Gleichheit, ist nur mehr eine vage Erinnerung. Sogar der uniformierte Polizist an der Ecke hat eine modische Sonnenbrille der Marke Police auf.

Ich gehe an der Ostmauer des Kremls entlang und erreiche den Roten Platz, das geografische und historische Zentrum Moskaus, das im Laufe der Jahrhunderte viele Male seinen Namen wechselte. Ich habe gelesen, dass der Rote Platz 1434 einfach »Marktplatz« hieß, nach dem verheerenden Brand 1493 hingegen »Feuerplatz«, im 16. Jahrhundert »Troiskaja-Platz« und erst seit dem 17. Jahrhundert »Roter Platz«.
Auf der Westseite erkenne ich das gotische Gebäude des Historischen Museums. Auf der Ostseite befindet sich das berühmte Einkaufszentrum »Gum«.

Mir ist schon ganz mulmig vor Hunger, als ich durch die gläsernen Bögen in das Einkaufszentrum hineingehe. Ich lasse die Boutiquen, in denen alle gängigen Markenklamotten des Westens verkauft werden, links liegen und gehe schnurstracks auf ein Lokal zu, das ziemlich voll aussieht. Es heißt »Smirni's Café«.

Ich setze mich an den Tresen, schwenke meine Pressemappe und rede auf Englisch auf den Barmann ein. Ich versuche ihm zu erklären, dass ich Hunger habe, aber nicht bezahlen kann. Er versteht kein Wort. Und antwortet auf Russisch. Vielleicht hält er mich sogar für einen Russen, der ihm Theater vorspielt: Denn ich habe dunkelblondes Haar und blaue Augen und sehe damit genauso aus wie die anderen Gäste am Tresen.

Schließlich ist der Barmann so genervt, dass er mir ein Glas Wasser mit Minzsirup und eine Tüte Pommes Frites rüberreicht. Die Gäste neben mir starren mich an und murmeln irgendetwas. Ich denke, sie wollen vielleicht wissen, wo ich herkomme, und ich sage: »Italy.« Keine Reaktion. Ich frage: »Speak English?« »No.«

Es ist offenbar zwecklos, weitere Konversation zu machen. Deshalb trinke ich mein Glas aus, stecke schnell ein gutes Dutzend Zuckertütchen ein und mache mich mit meiner Tüte Pommes auf in Richtung Ausgang.

Ich schlendere über den Roten Platz. Die Kathedrale San Basilio mit ihren rosa Kuppeln sieht aus wie eine Burg aus einem Walt-Disney-Film. Ich beschließe, mich in die Schlange der Touristen einzureihen, die die Kathedrale besichtigen wollen, und warte. Nach etwa einer halben Stunde stehe ich vor einer jungen blonden Frau an einer Kasse. Ich versuche, ihr auf Englisch zu erklären, warum ich kein Eintrittsticket bezahlen kann, aber sie versteht mich nicht. Als sie so aussieht, als wolle sie gleich die Polizei rufen, gebe ich auf. Ich setze mich auf die Stufen vor der Kirche und betrachte die Leute, die über den sonnigen Roten Platz gehen: Alle scheinen sich wie in Zeitlupe zu bewegen. Aber ich habe keine Zeit: Ich muss jemanden finden, der mir ein Abendessen spendiert, mir einen Schlafplatz anbietet und mich irgendwie weiterbringt auf meinem Weg rund um die Erde.

Ich habe noch 60 000 Kilometer vor mir, wenn ich mein Projekt verwirklichen will. Mein Instinkt sagt mir, dass ich mit den Moskauern nicht viel Glück haben werde. Also konzentriere ich mich auf die ausländischen Touristen.

Endlich entdecke ich in der Warteschlange vor dem Eingang zur Kathedrale einen bunten Rucksack der Marke »Invicta«: Der Träger muss ein Italiener sein. Ich gehe auf den dunkelhaarigen jungen Mann zu, lächle ihn an und erkläre ihm, so kurz es geht, meine Situation. Ich habe Glück: Der Rucksackträger ist nicht nur Italiener, sondern auch noch extrem sympathisch. »Die Eintrittskarte stifte ich dir«, sagt er spontan, und so darf ich doch noch die Kathedrale besichtigen.

Unter den düsteren orthodoxen Wandmalereien der Meister Barma und Postnik erzählt mir mein Landsmann, dass er Andrea heisst, 36 Jahre alt ist und soeben einen guten Posten bei der Nudelfirma Barilla aufgegeben hat, um ein Sabbatjahr einzulegen, in dem er durch Russland und Asien reisen will. »Ich musste einfach ausbrechen«, erzählt er, »mal etwas ganz anderes machen. Ich hatte immer gedacht, Erfahrungen würden sich von selbst machen, das Leben müsste mir entgegenkommen. Doch dann habe ich irgendwann gemerkt, dass gar nichts passierte. Da wurde mir klar: Das Leben schenkt dir nichts. Aber es erlaubt dir alles. Man muss es nur selbst in die Hand nehmen.«

Draußen ist es sonnig und warm. Andrea und ich spazieren am Ufer der Moskwa entlang. Die Glockentürme der orthodoxen Kirchen schlagen zwölf Uhr Mittag.

Lohn für eine Stunde Getränkeverkauf: drei Dosen Pepsi.

Ich mache das Kreuzzeichen. Das ist ein Abkommen, das ich mit meiner Mutter getroffen habe: Wo immer ich mich auch befinde, um 12 Uhr mittags schlage ich das Kreuz und denke an sie. Und sie macht das umgekehrt genauso: So sind wir uns jeden Tag einmal ganz nah.

Jetzt stehe ich mit Andrea vor dem Bolschoi-Theater, Meisterbau des russischen Klassizismus. Wir würden es uns gerne von innen anschauen. Und gehen einfach durch den Portikus mit acht Säulen hindurch in eine riesige Eingangshalle aus edlem Marmor. Drinnen wird ein Ballett von Nurejew geprobt. Es sei verboten, dabei zuzusehen, erklärt uns ein betagter Angestellter des Theaters. Ich zeige ihm meine Pressemappe, aber es wäre viel zu kompliziert gewesen, dem Russen meine wahre Geschichte zu erzählen.

Also tische ich ihm die Mär auf, ich wäre ein italienischer Schauspieler. »Wir besuchen die berühmtesten Theater Europas«, sage ich, »und wir würden so gerne einmal die Bühne des Bolschoi besichtigen.«
»Na, in diesem Fall können wir eine Ausnahme machen«, sagt der Wärter und führt uns in den Theatersaal.

Die Wände haben Risse, in den Ecken hängen Spinnenweben: Dieser Ort lebt vom Glanz der Vergangenheit. Auf der knarrenden Holzbühne drehen drei junge Tänzer Pirouetten. Wir danken dem alten Wärter herzlich dafür, dass er uns den Blick ins Innere des Theaters erlaubt hat. Ich überreiche ihm meine Visitenkarte und verspreche, ihm den Vatikan zu zeigen, wenn er mal nach Rom kommen sollte.

Es ist spät geworden, und ich überrede Andrea, mir dabei zu helfen, ein Nachtquartier zu finden. Er erklärt mir, dass er ein billiges Zimmer bei einer allein lebenden Deutschen namens Brigitte gemietet hat, und bietet mir an, einfach mitzukommen.

Wir fahren mit der Metro. Und die ist eine Überraschung. Ich kenne die tristen Metrobahnhöfe in Italien und England. Verglichen damit, sind die U-Bahnhöfe in Moskau prunkvoll: Die Wände sind mit Marmor verkleidet, Kristallleuchter erhellen die Schächte, farbige Fenster aus der Belle Époque machen die Metrostationen zu einem angenehmen Ort, in dem Leute sich angeregt miteinander unterhalten.

Wir steigen an der Haltestelle Schelkowskaja aus und überqueren einen leeren Platz im Norden der Stadt, der von alten, heruntergekommenen Wohnhäusern für einfache Leute gesäumt wird. Nach kurzer Zeit erreichen wir ein graues Wohnhaus mit einem verfallenen Eingang. Unser Ziel ist eine Wohnung im Erdgeschoss.

Kaum sind wir durch die Tür getreten, werde ich überaus kühl von der Hausherrin empfangen. Sie ist etwa 40 Jahre alt und unglaublich dick.
»Sprichst du Deutsch?« fragt sie brüsk.
»Nein«, antworte ich.
Andrea versucht, der Deutschen meine Situation zu erklären. Als sie versteht, dass ich ein Gratisquartier von ihr erbitte, wird sie feuerrot im Gesicht und sieht aus, als würde sie gleich platzen. Andrea ist bei ihr untergekommen, weil er mit Freunden von Brigitte befreundet ist, zahlt aber zehn Dollar pro Nacht für sein Bett.

Ich versuche mein gewinnendstes Lächeln aufzusetzen. Ohne Erfolg. Während ich ihre Rubensformen betrachte, kommt mir ein Einfall: »Ich mache ausgezeichnete Spaghetti«, sage ich auf Englisch. Brigitte schaut mich durch ihre dicken Brillengläser streng an. »Ich kann auch Lasagne«, füge ich schnell hinzu. Brigitte schweigt, und durch meinen Kopf geistert die Filmmelodie des Westerns »High Noon«, die dem großen

Duell vorangeht. Ich halte Brigittes finsterem Blick stand: Ich will nicht auf den Straßen von Moskau schlafen. Ich habe Sehnsucht nach einer heißen Dusche, nach einem warmen Abendessen, nach einem weichen Kopfkissen.

Plötzlich lächelt Brigitte mich an und fragt auf Englisch nach den Zutaten, die für eine echte italienische Lasagne notwendig sind.

In Wahrheit bin ich nicht gerade ein begnadeter Koch und habe noch nie in meinem Leben Lasagne gemacht. Ich zähle auf, was mir für dieses italienische Nationalgericht unentbehrlich erscheint, und Brigitte geht einkaufen. Kurz darauf sitzt sie vor dem Fernseher und wartet darauf, dass ich das Abendessen auf den Tisch bringe. Ich binde in der Küche ihre rosarote Schürze um, lese die Anweisungen auf der Packung mit den original italienischen Lasagnenudeln, berate mich mit Andrea und mache mich an die Arbeit. Als wir schließlich die dampfende Form aus dem Ofen holen, klopft mir das Herz bis zum Hals.

Brigitte setzt sich zu Tisch und bindet sich ein überdimensionales Lätzchen um. Ich spiele den Kellner und versuche die Lasagne zu servieren, als wäre ich in einem Grandhotel angestellt. Sie nimmt den ersten Bissen. Ich traue mich nicht, sie zu fragen, ob es ihr schmeckt. Aber dann sehe ich, dass sie zufrieden kaut.

Brigitte putzt drei Portionen Lasagne weg. Dann legt sie ihr Lätzchen ab, steht auf, ohne ein Wort zu sagen, und geht in ihr Zimmer. Der abgenutzte Parkettboden knarrt unter ihren Füßen. »Ich glaube, du kannst bleiben«, sagt Andrea und zeigt mir das Badezimmer.

Die erste heiße Dusche seit Beginn meiner Reise: Herrlich! Mein Hintern tut mir weh: Immerhin habe ich 3000 Kilometer auf zwei Lkws abgesessen. Von einer weichen Matratze muss ich noch weiter träumen. Ich verbringe die Nacht auf einer abgenutzten Wolldecke, die ich auf den noch abgenutzteren Holzfußboden gelegt habe. Beim Einschlafen habe ich noch immer das Summen des Iveco-Motors in den Ohren.

Am nächsten Morgen nehme ich meine Rolle als Butler wieder auf und serviere Brigitte und Andrea ein Frühstück mit Toasts à la *croque monsieur*.

Anschließend durchstreife ich mit Andrea die Stadt. Unsere erste Etappe ist das Leninmausoleum: ein pyramidenförmiges Gebäude aus enormen Marmorblöcken. Am Eingang stehen wie versteinert wirkende Wächter, die Kalaschnikows geschultert. Da das Fotografieren hier verboten ist, bereite ich mich darauf vor, das Bild von Lenins mumifiziertem Körper in meinem Gedächtnis zu speichern. Die Wirklichkeit übertrifft meine Phantasie: 20 Meter unter der Erde in einem halbdunklen quadratischen Raum, dessen Marmorverkleidung uns eine Gänsehaut beschert, sieht man plötzlich dieses Gesicht, das einem aus Büchern und von den Plakaten besetzter Häuser nur allzu gut vertraut ist. Lenin, dessen einbalsamierter Körper irgendwie kleiner wirkt, als ich ihn mir vorgestellt hätte, liegt hinter schusssicherem Glas. Ich bleibe stehen, um ihn genauer betrachten zu können, aber einer der bewaffneten Wächter fordert mich mit einer Geste auf, in Richtung Ausgang zu gehen.

Als wir wieder auf der Straße spazieren gehen, rast plötzlich eine Limousine mit dunkelgetönten Scheiben und einem aufgesetzten Blaulicht an uns vorbei.
»Das ist die Russenmafia«, sagt Andrea.
»Mit Sirene?« frage ich ungläubig. Doch Andrea versichert mir, dass die Mafia in Moskau so mächtig ist, dass sie mit Blaulicht fährt, ohne von der Polizei belästigt zu werden.
»Deshalb ist man in dieser Stadt als Italiener so willkommen«, sagt mein Freund sarkastisch.

Über ein anderes Thema sind wir uns gleich einig: Die Russinnen haben die schönsten Beine der Welt. Und die zeigen sie in atemberaubend kurzen Röcken. Ich frage mich, ob es einen umgekehrten Kausalzusammenhang zwischen den bevorzugten Rocklängen der Frauen und dem Klima gibt. Ich zumindest habe den Eindruck: Je nördlicher und kälter ein Land ist, desto kürzer werden die Röcke.

Als wir am Abend wieder bei Brigitte ankommen, ist die Hausherrin nicht zugegen. Aber auf dem Küchentisch liegen diverse Lebensmittel und ein Zettel: »Hier ist alles, was ihr für Spaghetti Bolognese braucht.«
Ich mache mich an die Arbeit. Dieses Mal guter Laune. Denn meine Bolognesesauce ist hervorragend. Das weiss ich. Als alles fertig ist, stelle ich zwei Kerzen auf den Tisch. Brigitte schweigt auch an diesem Abend. Aber in ihren Augen spiegelt sich der Lichterschein.

Erinnerungsfoto nach dem Motto: Nimmt mich jemand mit?

Interessant und zugleich traurig: Gedankenaustausch mit einem russischen Studenten.

Diese nette Moskowiterin spendierte mir ein Eis.

Springbrunnen als willkommene Duschmöglichkeit. Auch nicht schlecht.

Auf dem Roten Platz traf ich meinen Landsmann Andrea. Es war der Anbeginn einer Freundschaft, die bis heute währt.

9001 Kilometer mit der Transsibirischen Eisenbahn

Am Morgen erwache ich voller Vorfreude. Heute geht es ab nach Peking!

Nach langen und schwierigen Verhandlungen hatte ich einer französischen Reiseagentur ein Gratisticket für die Transsibirische Eisenbahn abgeluchst, die von Moskau nach Peking fährt. Ich war vorher per Zufall darauf gestoßen, dass diese historische Eisenbahn des sowjetischen Reiches kurz vor der Pleite stand. So schrieb ich der Agentur, dass ich in meinem späteren Reisebericht ein bisschen Werbung für die Strecke machen würde. Und bekam schließlich per Post eine Gratis-Fahrkarte dritter Klasse.

Mein Zug fährt vom Bahnhof Jaroslawski in Moskau ab. Das ist der Ort, an dem alle Züge nach Sibirien starten. Andrea und Brigitte bringen mich hin. Auf den Bahnsteigen sitzen Tataren, Usbeken, Mongolen und Koreaner auf den größten Koffern, die ich je in meinem Leben gesehen habe, und warten geduldig unter dem grellen Neonlicht. Keiner der Passagiere sieht so aus, als würde er annehmen, dass in Kürze irgendetwas passiert. Die Menschen sitzen einfach da und warten, als hätten sie niemals etwas anderes getan.

Ich verabschiede mich von Andrea mit dem Versprechen, uns später in Mailand wiederzutreffen, um unsere Reiseerfahrungen auszutauschen. Er schenkt mir ein Los der russischen Klassenlotterie und sagt: »Aber vergiss nicht, dass du von einem Lottoschein weniger erwarten darfst als von einer Zugfahrkarte.«

Ich drehe mich um, um mich auch von Brigitte zu verabschieden, die ein Kostüm in Übergröße mit gelb-roten Querstreifen trägt und damit irgendwie viel freundlicher aussieht als sonst. Sie nimmt meinen Arm und führt mich zu einem der Bahnhofskioske, die überall im Bahnhof verteilt sind. Brigitte ordert bei der jungen Verkäuferin eine große Wasserflasche, einen Laib Brot und sieben »Cup Ramen«, Büchsen mit getrockneter chinesischer Fertignudelsuppe, die nur mit Wasser aufgefüllt werden müssen. Sie lächelt mich an und drückt mir die Provianttüte in die Hand. Dann sagt sie gut verständlich auf Italienisch: »Grazie per la Lasagne e buon viaggio.« Ich bin gerührt und drücke ihr einen dicken Kuss auf die Nase. Immerhin habe ich es ihr zu verdanken, dass ich zwei angenehme Tage in Moskau verbringen konnte.

Mein Zug läuft ein. Er sieht grün aus, wie ein gewöhnlicher Intercity Mailand–Neapel und trägt die Nummer 8 sowie die kyrillische Aufschrift Moskau–Peking. Mit meiner weißen Plastiktüte und dem Los in der Hand bahne ich mir einen Weg durch meine zukünftigen Reisegefährten, die allesamt schwer mit Gepäck und Proviant jeder Art beladen sind.

Ich suche den Waggon Nummer 10, aber ich kann ihn nicht finden. Andere Passagiere weisen mir den Weg. Als ich endlich die richtige Zugseite erwischt habe, stelle ich fest, dass hier, in der dritten Klasse, kein Mensch reist, der wie ein Tourist oder wenigstens wie ein Europäer aussieht. Meine Mitreisenden haben allesamt asiatische Gesichtszüge und stapeln den Waggon, in dem es riecht wie auf einem exotischen Markt, mit Säcken, Pappkartons und geflickten Koffern voll. Ich lasse mich auf meinen Sitz fallen und höre mein Herz schlagen: Ich habe 9001 Kilometer vor mir und werde in den folgenden sechs Tagen, elf Stunden und 29 Minuten sechs Zeitzonen und hundert Längengrade durchqueren. Das alles ohne Kleidung zum Wechseln, mit einem Laib Brot und sieben Tütensuppen.

Es ist Freitagabend, 20.25 Uhr, und wir wollen am kommenden Freitag gegen sechs Uhr morgens in Peking eintreffen.
»Kein Gepäck?« fragt der Kontrolleur und zieht die Augenbrauen hoch.
»Nein«, sage ich und zeige ihm meine Fahrkarte.
Er wundert sich über den aufgedruckten Preis von »Null Rubeln« und studiert peinlich genau die beigelegten Passierscheine. Dann zuckt er mit den Schultern, steckt meine Reiseunterlagen in eine abgenutzte graue Mappe mit dem aufgedruckten Stempel der Sowjetunion.

Während der Zug aus dem Bahnhof herausfährt und noch immer eine Menge regungslos wartender Tataren und Mongolen auf dem neonbeleuchteten Bahnsteig zurückbleiben, gehe ich auf Entdeckungsreise. Der Waggon, der sich an meinen anschließt, ist mit Chinesen gefüllt, die sich drängen wie in einer Sardinenbüchse. Nach einem halben Dutzend weiterer Waggons erreiche ich die erste Klasse: Girlanden aus Plastikefeu schmücken den Gang vor den Abteilen, an den Fenstern hängen sorgfältig drapierte braune Vorhänge. Zwei junge Deutsche versuchen vergeblich, das Fenster zu öffnen. Sofort kommt eine der beiden russischen Zugbegleiterinnen, die für den Waggon zuständig sind, und ruft, dass dies verboten sei. Die Deutschen zucken zusammen.

In diesem Erste-Klasse-Waggon sitzen nur Europäer. Ich begegne außer den beiden Deutschen vier Holländern, einem schwedischen Paar auf Hochzeitsreise und einem schon etwas älteren Engländer.

Ich kehre in meinen Waggon Nummer 10, auf meinen Platz Nummer 12 zurück. Ein Transistorradio ist auf volle Lautstärke gestellt und überträgt russische Geigenmusik. Ich hänge meine Jacke auf, lasse meine Tüte auf meinem Sitz und suche die Toilette. Auf dem Gang begegne ich den beiden Zugbegleiterinnen, die für meinen Waggon zuständig sind. Es gelingt mir nicht, ihnen ein Lächeln zu entlocken. Eine von ihnen ist so dick, dass sie mit ihren Hüften gleichzeitig das Zugfenster und die Kabinenfenster der Abteile putzt, wenn sie durch den Gang geht. Es gibt zwei Toiletten und ein Waschbecken von der Größe einer halben Wassermelone. Aus dem Hahn kommt nur tröpfchenweise Wasser.

Da ich nichts Besseres zu tun habe, suche ich den Speisewagen. In ihm stapeln sich Kisten mit Konserven und Bier. Von der Decke hängen lange Würste, die bei jeder Kurve baumeln. Auf einem Stühlchen sitzt ein Typ mit einem bis zur Brust aufgeknöpften Hemd, der eine Sportzeitung liest und Tee aus einem chinesischen Porzellanbecher trinkt. Das dürfte der Koch sein. Ich hoffe darauf, mit ihm ein Gespräch anknüpfen zu können.

Als er aufsteht, um die Stereoanlage einzuschalten, die noch in Plastikfolie eingeschweißt ist, entdecke ich: Der Koch ist ein Riese. Seine Beine enden an meinem Bauchnabel. Aber sein quadratisches Gesicht sieht freundlich aus. Der Riese lächelt mich an. Ich schaue zu ihm auf und sage ihm, dass ich Italiener bin. »Oh, Baggio, Maldini, good!« sagt der Koch und stellt sich vor: Er heißt Anatoli und ist seit zehn Jahren der Boss des Transsibirischen Speisewagens.

Ich verabschiede mich bis auf weiteres von Anatoli und kehre in meinen Waggon zurück. Ich versuche

Bald geht es los.

noch einmal, einen Kontakt zu meinen Zugbegleiterinnen herzustellen, und frage die beiden Frauen nach ihren Namen. »Antonietta«, antwortet die eine ohne ein Lächeln. »Nina«, sagt die andere gelangweilt. Ich ziehe mich auf meinen Platz zurück und schaue mir die Landschaft an, die da draußen vorbeifliegt. Zuerst ist sie platt, grün und langweilig. Nach dem Bahnhof von Kirow fahren wir durch dichte Wälder. Ich habe in einem Führer gelesen, dass in diesem schier unendlichen Waldgebiet ein Viertel aller Bäume der Welt steht.

Ich teile mein Abteil mit drei Reisegefährten, denen ich an den ersten beiden Tagen nicht einmal ins Gesicht sehen kann. Denn die drei Männer schlafen und schnarchen ununterbrochen. Sie haben alle drei Löcher in den Socken, und der Gestank nach Käsefüßen im Abteil ist gewöhnungsbedürftig.

Nachdem ich am dritten Tag fünf der sieben Tütensuppen aufgebraucht habe, beschließe ich, dass es an der Zeit ist, eine richtige Mahlzeit zu ergattern. Ich gehe zum Speisewagen und finde Anatoli, der auf einem Bänkchen hinter Dosen und Würsten döst. Es ist sicher nicht geschickt, ihn aufzuwecken und ihn direkt anzuschnorren. Was soll ich tun?

Ich beschließe, im Speisewagen auf ihn zu warten, und setze mich an einen Tisch, an dem eine einsame Dame sitzt. Sie dürfte eine Mongolin sein: Sie hat sehr hohe Wangenknochen, dunkle Augen, einen schönen braunen Teint. Die Dame trägt ein violettes Seidenkleid.
Sie sitzt mir gegenüber, stützt die Ellenbogen auf den Tisch und schaut mich direkt an. Ich versuche, ihrem Blick standzuhalten. So vergeht etwa eine Minute, während ich verzweifelt überlege, was ich jetzt sagen soll. Ein Kellner rettet mich. Er stellt ihr ein Glas Wodka hin, und die schöne Mongolin macht ihm ein Zeichen, auch mir eines zu bringen.

Ich leere das Glas in einem Zug und bitte den Kellner um etwas Brot. Ich muss unbedingt etwas essen, sonst würde der ungewohnte Schnaps auf meinen nüchternen Magen fatale Folgen haben. Ohne ihre Mimik zu ändern, spricht die Mongolin jetzt in einer mir unbekannten Sprache auf mich ein. »Cin Cin«, antworte ich. Das heißt »Prost« auf Italienisch, auf Chinesisch »Danke«, auf Japanisch bezeichnet es den Liebesakt. Wer weiß, was »Cin Cin« in der Mongolei bedeutet? Dieses Mal rettet mich Anatoli aus der peinlichen Situation, denn er kommt an unseren Tisch und sagt »Ciao Baggio!« Das ist der richtige Moment, um meinen Joker auszuspielen. Ich stehe auf, mache Anatoli und der Mongolin mit einer Geste deutlich, dass sie genau aufpassen sollen, und nehme Anatoli die brennende Zigarette aus der Hand. Den jetzt folgenden Zaubertrick habe ich jahrelang geübt und vorgeführt: Er gelingt immer. Ich lasse die brennende Zigarette in meiner Hand verschwinden und hinter dem Ohr der Mongolin wieder auftauchen. Anatoli freut sich wie ein Kind und bittet mich, den Trick zu wiederholen. Ich nehme die Zigarette und drücke sie an meinem Hemd aus, ohne eine Spur zu hinterlassen. Anatoli ist begeistert. Ich versuche ihm klarzumachen, dass ich die Gäste in seinem Restaurant mit einer Zaubervorführung unterhalten werde, wenn er mir dafür eine Mahlzeit spendiert. Anatoli versteht und schlägt mir zum Zeichen der Einwilligung seine Pranke auf die Schulter, dass es nur so kracht.

Bis zum Abend verspeise ich meinen letzten Proviant. Um 19 Uhr gehe ich in den Speisewagen. Ich stelle mich hinter einen Tisch und beginne meine Vorführung mit zitternden Händen, teils weil ich so aufgeregt bin, zum Teil, weil der Zug so wackelt. Nach einem mittelmäßigen Auftakt werde ich langsam warm und beginne, die Goldzähne der Russen und die blauen Augen der Skandinavier leuchten zu sehen. Meine Vorführung endet unter Applaus und Gelächter. Ich habe es geschafft.

Anatoli bringt mir gut gelaunt einen Teller voller Bratwurst und Kartoffeln. Während ich heißhungrig die warme Mahlzeit verschlinge, kommen die Gäste des Speisewagens an meinen Tisch, um mit mir zu plaudern. Angesichts der guten Stimmung wage ich schließlich, auf einen Stuhl zu steigen und eine improvisierte Ansprache zu halten. Ich erkläre meine Situation und streiche die Absicht, mit meiner Unternehmung ins Guinnessbuch der Rekorde zu kommen, heraus. »Aber natürlich klappt die ganze Sache nur, wenn sich eine Kette von Menschen bildet, die mir helfen. Auf diese Weise wird der Erfolg meiner Reise nicht von mir, sondern von denen abhängen, die es mir ermöglichten, mein Ziel zu erreichen, ohne Geld um die Welt zu reisen«, sage ich auf Englisch. Gott sei Dank: Meine Zuhörer sind nicht pikiert. Sie klatschen mir Beifall.

Die letzten drei Tage in der Transsibirischen Eisenbahn sind der Beweis dafür, dass meine Botschaft angekommen ist. Ich werde von den Gästen der ersten Klasse reihum zum Frühstück, zum Mittag- und zum Abendessen eingeladen, und dabei plaudern wir über Gott und die Welt, über Brüderlichkeit und Freiheit. Mit Richard, dem Engländer, betrinke ich mich mit Bier und Wodka, während der Zug durch die Taiga rollt.

Am Baikalsee, dem tiefsten See der Welt, ändert sich die Landschaft. Die Berge werden sanfte Hügel, und die Gesichter der Menschen an den Bahnhöfen werden zusehends asiatischer. Wir nähern uns Ulan Bator in der Mongolei. »Bis 1990 kontrollierte die Sowjetunion die Mongolei mit eiserner Faust«, sagt Richard, »das Gebiet war die Pufferzone zu China. Aber dann haben sich die Russen zusehends weniger für die Mongolen interessiert. Aber noch heute ist die Mongolei wirtschaftlich von den Staaten der Ex-Sowjetunion abhängig.« Richard erzählt, dass er neun Monate lang in der Mongolei gelebt hat und insgesamt gerade mal 1000 Dollar ausgab. »Eine ungeheuer interessante Erfahrung«, sagt er. Und mir tut es leid, dass ich mich hier nicht aufhalten kann.

Anatoli bittet uns, den Speisewagen zu verlassen, weil wir in einen Bahnhof einfahren. Jedes Mal, wenn der Zug hält, muss Anatoli sein Restaurant abschließen. Acht Minuten lang werden wir anhalten. Ich steige aus, vertrete mir auf dem Bahnhof die Beine und schaue zu, wie die anderen Reisenden auf dem schnell improvisierten Markt am Gleis Einkäufe machen. Die Einheimischen bieten ihre Waren auf ungewöhnliche Weise feil: Das Gemüse wird auf Bettlaken ausgebreitet, die Eier liegen in Hüten. Frische Milch gibt es in Bierflaschen. Eine Mongolin verkauft Süßigkeiten aus einem Kinderwagen. Nach genau sieben Minuten steigen alle wieder ein. Die Transsibirische Eisenbahn ist pünktlich.

Die kurze Pause an der frischen Luft lässt die Waggons besonders stickig erscheinen: Der ganze Zug beginnt allmählich, nach Schweiß und allen möglichen Ausdünstungen zu stinken. Der Mangel an fließendem Wasser macht sich zusehends bemerkbar.

Ich wandere wieder einmal durch den Zug und erreiche den letzten Waggon, der an den vergangenen Tagen stets verschlossen war. Heute steht die Tür halb auf. Ich schaue hinein, und ein unglaublicher Gestank verschlägt mir den Atem. Der Waggon ist voller Hunde. Mindestens 30 Bulldoggen sind in Käfigen eingesperrt. Ich versuche, von einem chinesischen Mitreisenden herauszubekommen, was es mit dieser Ladung auf sich hat, und erfahre: Die Tiere stammen aus einer Moskauer Kampfhundezucht und werden in Peking für 2000 Dollar pro Stück verkauft. Der Preis scheint mir übertrieben hoch zu sein, aber man versichert mir, dass der Besitzer seinen Einsatz durch den Erlös aus den Wetten schon nach zwei bis drei Kämpfen wieder heraushat, wenn sein Hund ein Sieger ist.

In dem Gang vor meinem Abteil treffe ich sechs junge Russinnen, denen ich schon zuvor begegnet war. Dieses Mal lächeln sie mich an. Auch sie wollen nach Peking. Die Mädchen sind bestimmt gerade mal volljährig und nach der letzten Mode gekleidet: Sie tragen extraweite Jeans und superenge bauchfreie T-Shirts. Eine langbeinige Blondine nähert sich und flüstert mir etwas Unverständliches ins Ohr. Ich schüttele den Kopf und drücke ihr einen Kuss auf die Stirn. Die Freundinnen brechen in schallendes Gelächter aus. Wir versuchen uns in rudimentärem Englisch zu unterhalten, und ich verstehe, dass die Freundinnen allesamt Verträge unterzeichnet haben, nach denen sie sechs Monate lang in Restaurants in Peking arbeiten sollen. Ich hoffe sehr, dass diese jungen Gastarbeiterinnen tatsächlich nur als Kellnerinnen angestellt werden. Richard, dem ich von der Begegnung erzähle, glaubt nicht daran.

Fünfter Tag in der Transsibirischen Eisenbahn. Um 12.45 Ortszeit, 7.45 Uhr Moskauer Zeit, erreichen wir Zabajkalsk. Hier, am Ufer des Flusses Onon, wurde 1162 Dschingis Khan geboren, Stammesoberhaupt der Mongolen. Wir befinden uns am Länderdreieck zwischen Russland, der Mongolei und China. Russische Polizisten steigen ein und kontrollieren streng und akkurat sämtliche Abteile und Pässe. Anschließend rollt der Zug auf einen großen Sackbahnhof. Unsere Achsen werden ausgetauscht. Der russische Zar hatte seine Eisenbahnschienen damals bewusst breiter angelegt als die der anderen Länder, wahrscheinlich war das eine Verteidungsstrategie. In jedem Fall sind die russischen Eisenbahnen wegen der breiteren Spur auch stabiler. Fünf Stunden vergehen, bis an unserem Zug die Räder an das mongolische und chinesische Eisenbahnnetz angepasst sind. Als wir wieder anrollen, kommt es mir so vor, als würde der Zug viel mehr wackeln als zuvor. Dafür werden wir draußen vor dem Fenster mit einer spektakulären Szene belohnt: Immer wieder sehe ich Reiter auf kleinen robusten Pferden am Horizont entlanggaloppieren.

Der Sonnenuntergang ist an diesem Abend von betörender Schönheit. Ich erlebe ihn gemeinsam mit der einsamen Mongolin im Seidengewand, die mich wieder auf etliche Gläser Wodka einlädt, bevor sie aussteigt. Wer weiß, welches Schicksal sie in ihrer Heimat erwartet: Jedenfalls machte sie nicht den Eindruck, sich auf ihr Zuhause zu freuen. Sie küsst mich zum Abschied, und dieser Kuss schmeckte irgendwie nach Tränen. War sie traurig und trank deshalb? Oder trank sie und wurde dadurch traurig?

Ich denke noch darüber nach, während wir das Reich der Mitte erreichen. Die Chinesen erwarten uns in Mandschuli und zum ersten Mal seit Beginn der Reise sehe ich lächelnde Zöllner. Die chinesischen Zollbeamten tragen elegante grüne Anzüge mit goldbestickten Bordüren auf rotem Grund und bitten mich, ein Formular auszufüllen. Nachdem sie unser Abteil untersucht haben, wollen sie mein Gepäck sehen. Als ich versichere, keines dabeizuhaben, muss ich mit zwei Beamten aussteigen. Auf dem Bahnsteig blättern sie meine Pressemappe durch und bringen mich dann in ein Büro mit der Aufschrift »Foreigners' Affairs« an der Tür. Ich setze mich auf den unbequemen Metallstuhl für Besucher. Die

Wände sind schmucklos und weiß gekalkt. Der Holztisch vor mir ist leer. Nur ein altes Radio dudelt leise. Auf der anderen Seite des Tisches steht ein alter schwarzer Ledersessel. Ich bin allein.

Nach etlichen Minuten höre ich eine Stimme hinter mir: »Hello, Sir.« Eine Eurasierin in blauer Offiziersuniform setzt sich auf den Ledersessel. Auf jeder Schulter prangen vier Sterne. Auf ihrem Schild steht »Immigration Officer«. Sie spricht englisch.

»Was wollen Sie in China? Warum reisen Sie ohne Gepäck? Warum sind Fotos von Ihnen in Zeitschriften abgebildet?« Sie wirft meine Pressemappe auf den Tisch.

Mein Herz klopft schneller. Ich atme einmal tief durch und sage: »Ich will China als Tourist besuchen, und mein Gepäck ist mir in Moskau gestohlen worden.«

Jetzt kann ich nur noch hoffen, dass hier niemand Italienisch lesen kann. »Die Fotos sind Werbefotos für die Kleidungsmarke, die ich trage.« Sie schaut mich streng an, kontrolliert die Label der Firma »US Roads« auf meiner Jacke und meinem Hemd. Die Pressemappe auf dem Tisch ist aufgeschlagen. Der Artikel, der in einer italienischen Zeitschrift erschien, trägt die Überschrift »Ohne Geld um die Welt«. Und wenn sie doch Italienisch versteht?

»Wie viel Geld haben Sie bei sich?« fragt die Offizierin. Ich war von der chinesischen Botschaft in Rom darüber informiert worden, dass man für die Einreise in China den Besitz von 300 Dollar nachweisen muss.
»300 Dollar«, sage ich.
Sie runzelt missbilligend die Stirn. »Kreditkarten?«
»Keine«.
Sie blättert in meinem Pass, schaut sich noch einmal das Visum an. »Wo ist der Nachweis über die Vorbestellung Ihres Hotels in Peking?«

Jetzt habe ich ein ernstes Problem. Denn die Botschaft hatte mir auch gesagt, dass man als Tourist in China bei der Einreise wenigstens zwei angezahlte Nächte in einem Hotel nachweisen muss. »Ich bin in Peking bei Mister Richard zu Gast, der ebenfalls mit diesem Zug reist«, sage ich. Die Offizierin fixiert mich streng, dann zeigt sie mir mit einer Geste an, dass ich aufstehen und mich umdrehen soll. Ich muss mich mit erhobenen Händen mit dem Gesicht zur Wand drehen, während sie mich von Kopf bis Fuß durchsucht und mir dabei in die Hoden kneift.

Dann ordnet sie ihr Haar und gibt mir die Hand. »Gute Reise«, sagt sie und scheucht mich mit einer Geste aus dem Büro. Als ich zurück in den Zug steige, wollen die Mitpassagiere aus der ersten Klasse wissen, wie es mir ergangen ist, und laden mich zum Essen ein.

Ich lasse mich nicht lange bitten. Der Speisewagen ist eine Überraschung, denn er wurde an der chinesischen Grenze ausgetauscht. Anatoli ist verschwunden, stattdessen gibt es jetzt einen Waggon im typischen China-Restaurant-Stil mit sechs chinesischen Kellnern in blauer Livree, die das Essen servieren, das jetzt etwas mehr kostet: 25 Yuan, also umgerechnet fünf Mark pro Gericht. Statt Besteck gibt es Stäbchen.

Beim Essen plaudern wir gelöst über Reiseabenteuer. Ich stelle zu meiner Überraschung fest, dass ich seit Beginn meiner Reise von Tag zu Tag immer seltener stottere, als würde sich das Problem mit jedem Kilometer, den ich mich von meiner Heimat entferne, von selbst lösen. Ich muss unbedingt mit einem Psychologen über dieses Phänomen reden, wenn ich wieder zu Hause bin.

Wenn ich durch die Gänge im Zug gehe, bieten mir manchmal auch chinesische Reisende Obst oder Gemüse aus ihren Proviantpäckchen an. Ich bedanke mich dann herzlich, und die Chinesen lächeln mich freundlich an und nicken mit ihren Köpfen, aber mangels chinesischer Sprachkenntnisse gelingt es mir nicht, ihnen den Hintergrund meiner Situation zu erklären. Trotzdem erfüllen mich diese Begegnungen mit Zuversicht: Offensichtlich bin ich in der Lage, mit meinem Blick, meinem Lächeln und meinem Enthusiasmus bei völlig fremden Menschen Sympathie zu wecken.

Als wir schließlich am sechsten Tag der Reise pünktlich um 6.44 Uhr in Beijing Zhan, dem riesigen und klinisch reinen Hauptbahnhof von Peking, einlaufen, lächeln mich sogar die beiden Zugbegleiterinnen Nina und Antonietta zum Abschied an!

Beim Aussteigen kommen die Holländer auf mich zu und drücken mir eine weiße Plastiktüte in die Hand: Drinnen finde ich Brot, zwei Salami und einen Zettel, auf dem mir meine Wohltäter eine gute Weiterreise wünschen.
Ich binde mir meinen Bauchgurt um, nehme meine Pressemappe und die Provianttüte und suche den Bahnhofsausgang.

Ein Grund zur Freude: Mein Gratis-Fahrschein für die Transsibirische.

Eine der reservierten Zugbegleiterinnen, die ich versuchte, zum Lächeln zu bringen.

Davon habe ich immer geträumt: Moskau–Peking mit dem legendären Zug.

Beim Achswechsel des Zuges an der Grenze zu China als freiwilliger Helfer.

Am Bahnhof von Kurgan mit Anatoli, dem Koch im Speisewagen.

Peking

Draußen auf der Straße bekomme ich zunächst gar nichts zu sehen: Ich gehe unter in einer unglaublichen Menschenmasse, die auf die Ankommenden wartet. Während ich noch versuche, mich zu orientieren und beflissene Kofferträger und Hotelvermittler abzuwimmeln, schlägt mir jemand auf die Schulter: »Welcome to China, my friend.« Es ist Richard, der freundliche Engländer und Landeskundige aus dem Erste-Klasse-Abteil. Er lädt mich zum Frühstück ein, und das kommt mir mehr als recht. Denn ich habe einen Bärenhunger.

Wir müssen nur ein paar Schritte gehen, dann entdecken wir ein Restaurant, dessen neonbeleuchtete Fenster anzeigen, dass es bereits geöffnet ist. Ich bestelle eine Schale Reis und ein paar Fleischspieße. Richard hingegen ordert Tee und Gebäck. Während ich genüsslich in mein Fleisch beiße, frage ich Richard, was der Name des Restaurants bedeutet, der über der Eingangstür steht.
»Der Hund«, sagt Richard und grinst.
»Hundefleisch gilt hier als Spezialität.«
Ich weiß nicht, ob er mich auf den Arm nimmt, aber beim nächsten Bissen dreht sich mir der Magen um. Trotzdem esse ich meine Portion auf: Wer weiß, wann ich wieder eine warme Mahlzeit ergattere.

Nach dem Frühstück verabschiedet sich Richard von mir, denn er hat in Peking allerlei zu erledigen. Aber er verspricht mir, mich am Abend auf dem Platz des Himmlischen Friedens unter dem Mao-Porträt zu erwarten. Ich bleibe zurück, zwischen Wolkenkratzern, halb erstickt von Auspuffgasen, halb taub von Autohupen. Ich brauche unbedingt eine Dusche und einen Platz, an dem ich meine wenigen Kleidungsstücke waschen kann. Ich trage meine Windjacke, das einzige noch halbwegs saubere Kleidungsstück, das mir geblieben ist, auf nacktem Oberkörper und mache mich bei 30 Grad im Schatten und unerträglicher Luftfeuchtigkeit auf die Suche nach einem Luxushotel. Ich muss stinken wie ein Frettchen. Im Zickzacklauf zwischen Millionen von Radfahrern erreiche ich das New Otani, ein Fünf-Sterne-Hotel.

Zwei Portiers in goldbelitzten Uniformen bewachen den Eingang. Ich gehe einfach zwischen ihnen durch, als wäre es das Selbstverständlichste von der Welt. Drinnen erlebe ich eine Szenerie, wie ich sie nur aus einem Film über Shanghai zur Kolonialzeit kenne: Flauschige Orientteppiche schmücken die holzgetäfelte Eingangshalle, es wimmelt nur so von Gepäckträgern in Livree. An den Tischchen in der Bar sitzen hochelegante Pärchen beim Tee.

Hinter der Rezeption steht eine bildhübsche junge Chinesin in blauem Kostüm. »Les Toilettes, s'il vous plait«, frage ich lächelnd. Die Chinesin weist mir ebenfalls lächelnd den Weg.

Die Toiletten sind ein Traum aus Marmor. Es duftet nach zartem Parfum. Auf den großen Waschtischen stehen Körbchen mit weißen weichen Handtüchern, in Seidenpapier gewickelte Seifen, Nagelreiniger, Einmalzahnbürsten, Schuhwichse: Es ist alles da, um aus mir wieder einen gesellschaftsfähigen Menschen zu machen. Ich schließe mich ein, ziehe mich aus, werfe meine komplette Kleidung ins Waschbecken, weiche sie in Seifenlauge ein und beginne, mich selbst von Kopf bis Fuß einzuseifen.

Mit einem meiner Socken, den ich mir als Waschlappen über die Hand streife, reibe ich mir die Dreckkruste vom Körper. Nach einer halben Stunde klopft es immer lauter an die Tür, und der komplette Fußboden des Waschraums steht unter Wasser. Also ziehe ich meine sauberen, aber noch tropfnassen Kleidungsstücke wieder an und verlasse den Raum – erhobenen Hauptes, aber ohne jemandem ins Gesicht zu blicken. Nur der freundlichen Chinesin von der Rezeption wünsche ich im Vorbeigehen noch einen schönen Tag. Während ich eine Tropfenspur hinterlasse, vertraue ich darauf, dass die Sonne meine Kleidung schon wieder trocknen wird.

Ich fühle mich gut nach diesem Abenteuer und bereit, mich auf diese Stadt einzulassen, die so ganz anders ist als alle anderen Städte, die ich auf meinen früheren Reisen kennen lernte.

Ich sehe mehr rote Taxen als Privatautos. Wer sich überhaupt ein Fahrzeug leisten kann, fährt gleich einen dicken Mercedes mit getönten Scheiben. An einer Tankstelle entdecke ich zwei junge Chinesen, die im Schatten eines Vordachs kauern. Ich versuche, ein Gespräch mit ihnen anzufangen. Sie bieten mir eine

Lychee-Frucht an. Ihre Beine sind mager und stark gebräunt, ihre Füße schwielig und schmutzig. Die beiden sind Rikscha-Fahrer und wollen mir unbedingt eine Fahrt aufschwatzen.

Ich mache ihnen nur mühsam klar, dass ich nicht zahlen kann. Der jüngere der beiden Rikscha-Fahrer heißt Deng und bietet mir an, mich gratis durch Peking zu radeln, wenn ich ihm im Gegenzug ein paar nützliche Sätze auf Englisch beibringe. Aus seiner Hosentasche zieht er ein fleckiges, zerknülltes Stück Papier. Es ist eine Seite aus dem alternativen Reiseführer »Lonely Planet« mit Vokabeln auf Mandarin und Englisch.

Ich steige in die Rikscha, Deng radelt, und ich höre Vokabeln ab und korrigiere seine Aussprache. Unterdessen zieht Peking an mir vorbei. Geschäft reiht sich an Geschäft, Bude an Bude, die ganze Stadt scheint ein einziger Markt zu sein. »And everything is made in China«, sagt Deng und bietet mir eine chinesische Zigarette an.

Er zeigt mir die äußeren Stadtviertel, laut, chaotisch und schmutzig, und das blitzblanke Viertel um die Verbotene Stadt, wo nicht einmal mehr eine Zigarettenkippe auf der Erde liegt.

Mir kommt die chinesische Hauptstadt tatsächlich wie ein menschlicher Ameisenhaufen vor. Wolkenkratzer, Stadtautobahnen oder Eingänge zur Untergrundbahn: Überall wimmelt es nur so von geschäftigen Menschen. Es gibt Schilder wie in Las Vegas, die Geschäftsleute telefonieren mit Motorola-Handys auf offener Straße wie in Italien, Huren lächeln Touristen an wie in Bangkok. Aber wie in allen Metropolen der Dritten Welt lässt sich an den dunkleren Straßenecken und in den kleineren Gassen auch die extreme Armut verzweifelter Einheimischer nicht übersehen.

Nachdem er mich zwei Stunden lang durch die Stadt geradelt hat, hält Deng plötzlich seine Rikscha an und fordert mich auf, sofort abzusteigen. Er hat zwei Amerikaner entdeckt, die er als Kunden gewinnen will.

Ich habe keine Ahnung, wo ich mich befinde, und esse erst mal eine der Salamis aus meiner Proviantttüte, während ich im Slalom über den Bürgersteig irgendeiner Strasse laufe: Das Ausspucken scheint ein chinesischer Nationalsport zu sein.

Eine extrem schmale Gasse zieht mich an. Ich schlängele mich hindurch und befinde mich plötzlich auf einem Tiermarkt: Hunderte von Singvögeln, Eichhörnchen, Hamstern und Schildkröten werden hier angeboten. Es schließt sich ein Bonsai-Geschäft an, dann kommen Schuster, Fahrradwerkstätten und Schneidereien. Die Geschäfte sind gleichzeitig Wohnung und Arbeitsplatz ganzer Familien. Zwischen Straßenmüll und Abwässern laufen Hühner herum. Ich würde gerne von jemandem auf eine Schüssel Reis eingeladen werden und hinter die Kulissen dieser Häuser schauen, aber erstens lädt mich niemand ein, und zweitens habe ich auch gar keine Zeit. Richard wartet ja auf mich.

Im voll besetzten Stadtbus.

Ich beeile mich und finde tatsächlich das Mao-Porträt auf dem Platz Tian'anmen. Um Punkt 19 Uhr stehe ich darunter und denke an die Fernsehbilder, die hier aufgenommen wurden, als 1989 ein Student versuchte, mit bloßen Händen einen Panzer aufzuhalten. Tian'anmen scheint der einzige größere Platz in Peking zu sein. Wurde die Stadt extra so angelegt, damit das Volk sich nicht spontan versammeln kann?

Im Süden des Platzes, genau am Metroausgang, befindet sich das riesige Mao-Tse-tung-Mausoleum, der einzige Ort, an dem Chinesen sich brav in die Schlange stellen. In der Mitte des Platzes erhebt sich ein weißer, 30 Meter hoher Obelisk. Auf der Ostseite steht das Museum der Revolution, während im Westen der Eingang zum Gebäude des Nationalen Volkskongresses von Soldaten bewacht wird. Ich sitze am Eingang zur Verbotenen Stadt. Und warte.

Um 21 Uhr leert sich der Platz, die Beleuchtung wird eingeschaltet – und Richard ist noch immer nicht aufgetaucht. Ich warte eine weitere Stunde auf ihn. Dann gebe ich die Hoffnung auf. Was soll ich jetzt machen? Ich befinde mich in Peking, ohne Geld, ohne Gepäck, ohne Freunde. Wo soll ich jetzt hin? Ich sehne mich nach meinem Sofa zu Hause. Ich würde mich gerne darauf ausstrecken, mich durchs Fernsehprogramm zappen und dazu ein Glas Nutella vernaschen. Ich beginne, ziellos durch die Straßen zu laufen, während die Nacht mich verschluckt. Die Blicke, denen ich begegne, sind misstrauisch. Kein Mensch, den ich treffe, spricht Englisch.

Ich versuche zunächst ein junges Pärchen anzuhalten, dann zwei Rentner. Alle hasten an mir vorbei. Ich wende mich an einen Händler und an eine Familie mit Kleinkind. Vergeblich. Ich schwenke meine Pressemappe und frage: »Do you speak English?« Niemand spricht mit mir. Es ist spät. Ich werde kein Dach über dem Kopf mehr finden. Mein Magen ist leer und schmerzt, mir zittern vor Müdigkeit schon die Knie.

Ich sehe einen Park, an dessen Eingang das Schild »Imperial Garden« steht. Ich klettere über einen Zaun und laufe auf perfekt geharkten Wegen zwischen präzise beschnittenen Hecken herum, bis ich einen künstlichen Hügel erklimme: Von hier aus hat man einen Blick über die Verbotene Stadt und ganz Peking.

Zu einem anderen Zeitpunkt wäre ich begeistert gewesen. Jetzt fühle ich mich angesichts der Ausmaße Pekings nur einsam und verloren. Es ist nach ein Uhr nachts. Ich breite meine Jacke aus und lege mich unter eine Trauerweide, deren Äste bis auf den Boden reichen. In der Nacht schlafe ich kaum, und sobald ich einnicke, habe ich konfuse Träume.

Bei Sonnenaufgang stehe ich auf. Ich fühle mich klebrig und wie gerädert. »Da musst du durch«, versuche ich mich aufzumuntern. »Du bist schon so weit gekommen. Umkehren geht nicht mehr: Du musst nach Osten.«
Mir fallen die Worte von Don Elio ein, einem katholischen Missionar, den ich in Äthiopien traf: »Du musst den Berg sehen, nicht den Anstieg, den Sonnenuntergang, nicht die Kälte, das Wasser, das die Natur nährt, nicht den Regen.«

Ich habe Hunger, aber meine Proviantüte ist leer. Ich sehe mich um und entdecke einen Birnbaum voller Früchte. Ich klettere hinauf und frühstücke auf einem Ast. Von da oben erkenne ich eine Gruppe älterer Menschen, die seltsame Gymnastikübungen im Park machen. Das muss Tai-Chi sein, das jetzt auch im Westen groß in Mode ist.

Ich laufe durch das Stadtzentrum Pekings, ohne irgendjemanden zu finden, der mir weiterhilft. Also gehe ich über die Märkte, auf denen von Levi's Jeans bis zum Türgriff alles Mögliche angeboten wird. Ich fühle mich ausgelaugt und hungrig, mir gelingt kein gewinnendes Lächeln. Erst nachdem ich eine kleine christliche Kirche gefunden habe, in der ich bete, geht es mir besser. Endlich stoße ich auf einen jungen Verkäufer an einer Imbissbude, der ein T-Shirt von U2 trägt. Er kann ganz gut Englisch und fragt mir über westliche Pop- und Rockgruppen ein Loch in den Bauch. Dafür gibt er mir einen Teller Soja-Nudeln und eine Mango aus. Als er bei japanischen Hardrock-Bands angekommen ist, muss ich passen und verabschiede mich.

An der britischen Botschaft hat keiner jemals etwas von meinem Freund Richard gehört.

Es wird langsam dunkel, und ich kehre wieder in den Kaiser-Park zurück. Zumindest ist es hier still und grün, und es gibt Obstbäume zum Plündern. Bei Sonnenuntergang bete ich darum, dass mich die Sonne am nächsten Morgen segnen und mir einen neuen Reisegefährten bescheren möge. Ich kehre unter meine Trauerweide zurück.

Als ich am nächsten Morgen erwache, stimmt irgendetwas nicht. Ich kann mein rechtes Auge nicht öffnen. In Panik taste ich mein Gesicht ab und stelle fest, dass mein rechtes Jochbein apfeldick angeschwollen ist. Die Stelle brennt wie Feuer. Irgendetwas muss mich gestochen haben! Ich stehe auf, aber ich verliere sofort das Gleichgewicht, weil ich kaum sehen kann. Ich taumle auf einen Parkwächter zu, der mir ins Gesicht blickt und mir mit einer Geste anzeigt, wo ich Hilfe finden könnte. Er hat mir den Weg in eine Apotheke gewiesen.

Links befindet sich ein großer Verkaufsraum für Naturprodukte, rechts steht ein Chinese in einem blütenweißen Kittel hinter einem Verkaufstresen. Als er mich sieht, schlägt er die Hand vor den Mund. Ich sehe mich in einem Spiegel: Ich sehe aus wie ein Monster.

Eine junge Frau nimmt mich an die Hand und führt mich in das Lager hinter dem Verkaufsraum. Sie schmiert mir eine Salbe auf mein Gesicht und lässt mich zwei Pillen schlucken. Sie spricht kaum Englisch, aber ich verstehe: Eine Spinne hat mich gebissen. Die Apothekerin glaubt aber nicht, dass sie giftig war. Ich wage nicht, darüber nachzudenken.

Ich verbringe den ganzen Tag damit, irgendeinen Gefährten zu finden, der mir eine warme Mahlzeit ausgeben könnte. Aber ich sehe aus wie ein Penner nach einer heftigen Prügelei. Die Menschen weichen mir aus. Ich habe Hunger.

Am Abend treffe ich Dareen auf einem Markt. Er ist Australier und meine Rettung. Er sieht aus wie eine Mischung aus einem Maori und einem Wikinger. Dareen ist rotblond, voller Sommersprossen und voller Tatoos. Am rechten Arm trägt er eine bunte Schlange, die sich vom Oberarm zum Puls windet. Er kauft massenweise Gemüse und Reis-Süßspeisen ein, und ich frage ihn, ob ich ihm beim Tragen helfen kann. Dafür schenkt er mir zwei Aspirin, die meine Schmerzen am Auge lindern. Er erzählt mir, dass er in einer Jugendherberge am südlichen Stadtrand wohnt, mir vielleicht einen Job vermitteln kann, und nimmt mich mit in den Bus.

Ich fahre schwarz. Dareen auch. Er ist ein Rucksackreisender und kann sich kaum noch erinnern, seit wie vielen Monaten er unterwegs ist. Während der ganzen Fahrt murmelt er immer den gleichen Satz: »Which is the way? That is the question.« Dann schließt er die Augen, öffnet

Landesübliche Meditation im Angesicht eines chineschischen Tempels

sie wieder und blickt gen Himmel: »Ich würde gerne, dass man nach meinem Tod aus meiner Haut einen Reisekoffer macht. Deshalb lasse ich mich tätowieren.«

Als wir an der Jugendherberge ankommen, präsentiere ich meine Pressemappe, und Dareen hilft mir, dem Personal meine Situation zu erklären. Ich bekomme einen Gratis-Schlafplatz in dem Schlafsaal für das Personal und die Aussicht auf einen Job in der Herbergs-Kantine!

Ich schlafe mit fünf Chinesen und ungezählten Küchenschaben in einem Raum. Am nächsten Morgen habe ich mein Vorstellungsgespräch. Dareen hat mir erzählt, dass viele Rucksackreisende zwischendurch mit solchen Arbeiten in internationalen Jugendherbergen ihre mageren Reisekassen auffüllen. Mein Gespräch mit dem Herbergsleiter dauert zehn Minuten. Dann habe ich den Job.

Gemeinsam mit Weally, einer energischen Chinesin, bin ich für die Organisation der Kantine zuständig. Außerdem soll ich den Köchen beibringen, wie man Spaghetti Carbonara, französische Crêpes und andere europäische Gerichte macht. Die Küche ist nur zwei mal drei Meter groß, und die Töpfe sind total verkrustet, aber die Arbeit macht Spaß. Ich werde für sechs Stunden am Tag verpflichtet, dafür bekomme ich Unterkunft, Verpflegung, Fernsehen und Kontakte mit anderen Reisenden gratis. Das Fernsehen ist wichtig, denn gerade läuft die Fußball-WM, und wenn Italien spielt, wette ich mit Gästen: Falls ich verliere, führe ich Zaubertricks vor, wenn ich gewinne, bekomme ich Filme für meine Kamera. Denn die ursprünglichen vier sind längst verknipst.

Die Gäste der Jugendherberge sind allesamt typische »Backpacker«: Leute zwischen 18 und 60, die mit geringem Budget, etwa 20 Mark am Tag, monate-, oft jahrelang um die Welt reisen. Die meisten von ihnen sind Australier, Skandinavier, Holländer oder Engländer. Ich bin der einzige Italiener hier in Peking. Das erleichtert mir vieles: Italiener gelten gemeinhin als sympathisch. Viele der Reisenden sind Studenten, andere haben unbezahlten Urlaub an ihren festen Arbeitsplätzen genommen. Und dann gibt es noch die Althippies auf der Suche nach dem Paradies.

An einem Abend treffe ich einen 30-jährigen Deutschen namens Felix, der aussieht wie der Doppelgänger von Anthony Quinn. Eine Maß Bier lässt ihn gesprächig werden. Er ist Designer und behauptet, er habe den Stil »Urban Tribe« erfunden, eine Mischung aus Stammeskunst und den Bedürfnissen in Großstädten. »Ich bin ein Schatzsucher«, sagt Felix mit glänzenden Augen. »Ich suche in jedem Land nach den Werten, die das soziale System aufrechterhalten. Nach moralischen, religiösen, historischen, wirtschaftlichen Elementen, die die jeweiligen Kulturen von unserer unterscheiden. Dann ziehe ich Bilanz und hoffe, so den Motor meiner Existenz zu finden.«

Ich bin völlig zufrieden mit mir und meiner Welt in diesen Tagen, an denen ich in der Jugendherberge in Peking arbeiten und wohnen kann. Hier so viele verschiedene Menschen aus aller Welt zu treffen gibt mir das Gefühl, meinen Horizont zu erweitern. Außerdem erfahre ich von diesen Globetrottern, was in China wirklich unbedingt sehenswert ist: die Kaiser-Gräber der Ming-Dynastie nördlich von Peking zum Beispiel. Und die Städte Xi'an mit dem Heer aus Ton-Soldaten, Chengdu und Leshan. Außerdem Emei Shan, einer der vier Heiligen Berge des Buddhismus, an dessen Hängen die letzten wilden Pandas leben.

Unbedingt zu vermeiden sein soll die Küste zwischen Shanghai und Macao: Sie sei von Pauschaltouristen überfüllt und habe jede Ursprünglichkeit verloren, versicherten mir die Rucksacktouristen.

Auch ich muss weiterreisen. So verlasse ich nach einer Woche meinen Job in »Jinghua's Bar«, handele noch eine Gratisnacht aus und nehme mir einen Tag, um die wichtigsten Sehenswürdigkeiten von Peking zu besuchen. Dank eines Ausweises des italienischen Journalistenverbandes gelingt es mir, allerdings erst nach langen Diskussionen, gratis die Verbotene Stadt und ihre Monumente zu besuchen. In diesem Gebäudekomplex befinden sich noch immer die Symbole einer Macht, die jahrhundertelang ein Viertel der Menschheit regierte. Der Eindruck, den die Gärten und Paläste mit ihren Ausstellungen bei mir hinterlassen, ist vor allem der einer gesteigerten Suche nach Perfektion; ein besonderer Sinn für Künstlichkeit. Vielleicht die Konsequenz aus einer Erziehung, die ganz nach exakter Wissenschaft strebt und wenig der Kreativität überlässt.

An jedem Pavillon ist ein Schild angebracht, das auf den Sponsor der Ausstellung hinweist. Hauptgeldgeber ist »American Express«: Das scheint mir ein klares Zeichen für die Öffnung Chinas gen Westen zu sein. Auf der einen Seite wird mir klar, wie wenig wir Westler von der hoch entwickelten antiken chinesischen Kultur wissen! Andererseits haben die modernen Chinesen auch sehr wenig von ihrer Tradition, ihrer Geschmackssicherheit und Exklusivität bewahrt!

Während ich darüber nachdenke, kehre ich in die Jugendherberge zurück, wo ich an meinem letzten Abend Röstbrote mit Tomaten und Spaghetti mit Specksauce für 15 Personen koche. Weally hat Rotwein besorgt, und wir trinken auf die sieben Weltwunder, alle Reisenden und auf Gott, den größten Künstler.

Die Chinesische Mauer

Von der Jugendherberge aus werden Bustouren nach Simatai an der Chinesischen Mauer unternommen. Die Strecke ist nur hundert Kilometer lang, aber die Fahrt, so hat man mir versichert, dauert mindestens drei Stunden. Um acht Uhr rollt der Bus vor, und ich versuche, dem chinesischen Fahrer eine Gratisfahrt abzuschwatzen. Der Mann ist ein Koloss, er raucht Kette, und er ist hartnäckig. Die Verhandlungen sind kompliziert. Am Ende muss ich dem Fahrer eine von meinen beiden Baseball-Kappen schenken, die ich dabeihabe. Als ich gerade einsteigen will, sagt Youang: »In dem Fahrpreis ist aber noch eine Insassenversicherung enthalten. Wenigstens die musst du bezahlen.« Also verhandeln wir weiter: Ich verspreche, den Buspassagieren aus dem Reiseführer die Passagen über die Chinesische Mauer vorzulesen und ihnen Witze zu erzählen. Youang nickt.

Er setzt sich ans Steuer. Das Lenkrad sieht unter seinen Pranken aus wie ein Spielzeug. Der ganze Bus ist irgendwie klein. Ich lehne mich an das Armaturenbrett – meine Schultern sind auf der Höhe der Sonnenblende – und beginne, den 20 Fahrgästen auf Englisch das entsprechende Kapitel aus dem Reiseführer vorzulesen, was ziemlich schwierig ist. Denn Youangs Gefährt rumpelt rüttelnd über schlecht angelegte Straßen. Am Ende erzählen wir uns nur noch Witze. Unterdessen erreichen wir einen Wald. Die Straße ist jetzt nur noch ein Lehmweg voller Schlaglöcher, groß wie Badewannen. Doch die Qual lohnt sich: Der Blick auf die Chinesische Mauer, der sich am Ende des Weges plötzlich eröffnet, wird mir für immer unvergesslich bleiben!

Die Chinesische Mauer wurde im 3. Jahrhundert vor Christus auf Befehl des Kaisers Shi Huang-ti errichtet: Sie nutzte aber als Bollwerk gegen die angreifenden Stämme wenig. Eher war sie eine Trennlinie zwischen zwei unterschiedlichen Kulturen: Den bereits sesshaften chinesischen Bauern und den Nomaden. Die Mauer soll damals 7000 Kilometer lang gewesen sein.

Der Bereich von Simatai wurde, wie der größte Teil der antiken Mauer, unter der Ming-Dynastie im 15. und 16. Jahrhundert zum Schutz gegen die Mongolen erneuert.

Der Wissenschaftler J. Needham behauptet, dass die Chinesische Mauer das einzige menschliche Bauwerk ist, das vom Mond und vom Mars aus sichtbar ist. Die UNESCO hat die Mauer zum Kulturwelterbe erklärt, aber heute verfällt sie aus Geldmangel dennoch zusehends. Man kann allerdings als privater Sponsor Geld stiften: Für eine Summe zwischen 100 und 2000 Mark wird sogar eine Plakette mit dem Namen des Stifters angebracht. 4000 Mark kostet die Restaurierung eines kompletten Wehrturms.

Als wir auf der Mauer herumspazieren und ich einen solchen Wehrturm besichtige, beschließe ich, nicht mit der Reisegruppe zurück nach Peking zu fahren, sondern hier zu bleiben und in diesem Turm zu übernachten.

Am späten Nachmittag, als die Wächter die Touristen aus dem Monument vertreiben, verstecke ich mich und lasse mich einschließen.

Ich bin allein. Im Schneidersitz sitze ich auf der Mauer und betrachte den Sonnenuntergang. Der Himmel färbt sich orangerot. Er hat die gleiche Farbe wie die Kutten der buddhistischen Mönche. Während er sich verdunkelt und mit Sternen füllt, gehe ich mit ausgebreiteten Armen auf der Mauer entlang und spreche ein Gebet. Dann esse ich das Brot und das Obst, das ich aus der Küche der Jugendherbergskantine mitgenommen habe, und suche mir einen geschützten Schlafplatz in einem Wehrturm. Ich bin zu aufgeregt, um einzuschlafen. Zu stark ist das Gefühl, mich an einem magischen Ort zu befinden, einem der Orte, die den Menschen die göttliche Kraft geben, übermenschliche Werke zu errichten.

Am nächsten Morgen wecken mich zwei Kanadier, die französisch sprechen: Sie sind die ersten Touristen des Tages. Und weil sie sich darüber amüsieren, mich hier schlafend vorzufinden, bieten sie mir Kekse und Mineralwasser zum Frühstück an, die ich nur zu gerne annehme. Danach steige ich die steilen Treppen von der Mauer herab und finde ein Bächlein, in dem ich mich erfrischen und meine zweite Unterhose waschen kann. Von hier aus sehe ich Bahnschienen. Ich laufe an ihnen entlang und finde den Bahnhof des Dörfchens Gubeikou. Ich hatte im

Reiseführer gelesen, dass von hier aus Züge nach Tianjin fahren, der drittgrößten chinesischen Stadt.

Als ich den ersten Frachtzug vorbeifahren sehe, fühle ich mich zum ersten Mal seit Beginn meiner Reise glücklich und frei: Wie herrlich, dass ich weder an Gepäck noch an Geld, noch an andere Reisegefährten denken muss und einfach so aus dem Bauch heraus entscheiden kann, was ich jetzt unternehme! Keiner von meinen Angehörigen, Freunden oder Bekannten weiß, wo ich mich in diesem Moment befinde. Ich verbringe den Vormittag am Bahnhof, um die Züge zu beobachten, die hier durchkommen, und erfahre, dass am frühen Nachmittag ein Zug nach Tianjin hier eintreffen wird. Ich beschließe, bis dahin ein Nickerchen zu machen, und wandere ein wenig ostwärts an den Schienen entlang, bis ich ein einladendes Plätzchen im Gras gefunden habe, auf dem ich mich niederlasse und entschlummere, während Nebel aufzieht, der mich einhüllt.

Die Geräusche einer Schafherde wecken mich. Als ich die Augen öffne, stehen zwei chinesische Schäfer vor mir. Sie tragen blaue Latzhosen und Strohhüte in Spiralenform. Der kleinere von ihnen sieht aus wie ein typischer Hirte: Er ist kräftig, tief gebräunt und hat ein zerfurchtes Gesicht. Der jüngere Mann hingegen, hellhäutig und zartgliedrig, macht auf mich den Eindruck eines Adligen, der sich als Schäfer verkleidet hat. »Hello, my friend. What's your name?«, fragt er auf Englisch. Akzentfrei! Dabei spricht nur ein Prozent aller Chinesen diese Sprache! »Ich heiße Yag-soo, aber in England nannten sie mich Joseph«, sagt der Hirte freundlich. Ich springe auf, stelle mich vor und gehe mit Yag-soo hinter seiner Schafherde her. Er erzählt mir, dass er an der Universität in Peking Mathematik studierte und ein Stipendium für Bristol ergattert hatte. Vier Jahre hatte er Mathematik und Physik in England studiert, bis er sich entschloss, in seine Heimat zurückzukehren.

»Ich bin ein Nomade, und ich fühlte mich in der westlichen Welt einfach nicht wirklich wohl«, sagt Yag-soo. »Das obsessive Verlangen nach ewigem Wettbewerb auf der einen und Sicherheit auf der anderen Seite hat mir von Tag zu Tag mehr von meiner Lebensfreude genommen. Deshalb beschloss ich, das Leben meiner Vorfahren zu führen und Schäfer zu werden: So wie die Sonne auf- und untergeht, sich die Erde ewig dreht, so wie der Wind weht, so muss auch ich in Bewegung bleiben. So wie die Pflanzen und die Tiere eine biologische innere Uhr haben, so ist auch der Mensch an den Rhythmus der Natur gebunden. Unser Dichter Li Po sagt: Die Beschwerlichkeiten der Reise und die Wahl der Richtung ergeben den Sinn des Lebens.«

Ich kneife mich in den Arm, um herauszufinden, ob ich gerade träume. Aber die Situation ist ganz real: »Hey Man«, sagt Yag-soo, »ich habe dich mit meiner Geschichte überrascht, nicht wahr? Aber auch du musst etwas zu erzählen haben, sonst wärest du nicht hier.« Ich gehe weiter mit den beiden Hirten mit und erzähle Yag-soo von meinem Plan, ohne Geld und Gepäck einmal die Welt zu umrunden. Yag-soo hört sich alles an und sagt dann: »Nur ein Westler kann auf eine so schöne Idee kommen und sie dann dadurch ruinieren, dass er einen Rekord aufstellen will!«

Dann zeigt mir Yag-soo den Weg zurück zu den Bahngleisen, und wir verabschieden uns voneinander. Ich nehme meinen Kompass zu Hilfe und trotte an den Gleisen entlang in die Richtung, in der der Bahnhof Gubeikou liegen muss. Offenbar hatte ich mich weiter von dem Bahnhof entfernt, als gedacht, denn auch nach einem etwa einstündigen Fußmarsch habe ich das Dorf noch immer nicht erreicht.

Der Nebel um mich herum ist zum Schneiden dick. Und mein Hals ist so ausgetrocknet, dass ich nicht einmal mehr pfeifen kann. Ich habe Durst. Ich habe Hunger. Mir wird immer elender zu Mute. Ich überlege, dass ich einfach auf den nächsten Zug aufspringe, sobald einer vorbeikommt. Aber wird mir dazu nicht die Kraft fehlen?

Immer öfter rutsche ich auf dem Schotter aus. Wie weit muss ich denn noch laufen? Schon geht die Sonne unter. Es wird immer dunkler. Höre ich da nicht einen Zug? Nein, nichts, eine gespenstische Stille umgibt mich. Ich beginne zu beten und verlasse den Weg zwischen den Gleisen aus Angst, ich könnte ohnmächtig umfallen und von einem Zug zerstückelt werden. Als es stockdunkel geworden ist und ich mich schon ganz fiebrig fühle, sehe ich endlich Lichter am Horizont. Alsbald höre ich den Lärm spielender Kinder! Und die Luft ist erfüllt vom Duft gebratener Fische.

Tatsächlich erreiche ich eine Art Bahnhof. Es ist nicht der von Gubeikou. Ich muss in die falsche Richtung gelaufen sein! Hier gibt es nur ein

Dutzend Hütten aus Holz und Lehm. Ich bin in einem winzigen Dorf gelandet. Ich folge dem Duft nach Bratfisch und lande vor einer primitiven Hütte. Die Pfeiler, die das Dach halten, bestehen aus Kartoffelschnaps-Fässern. Der Eingang ist mit Deckeln von Bierflaschen gefliest, die in die Erde gedrückt wurden. Hier leben ganz offensichtlich keine Antialkoholiker.

Ich wage mich einen Schritt in die Hütte hinein und sehe im Halbschatten die Umrisse von Männern, die in einem Kreis beieinander sitzen und mich verwirrt anblicken. Es herrscht Stille. Ich versuche mich daran zu erinnern, was »Guten Abend« auf chinesisch heißt. Oder: »Ich habe mich verlaufen.« Oder: »Ich habe Hunger.« Mir fällt nichts ein.

Endlich macht einer der Männer eine einladende Geste und rückt ein wenig zur Seite. Er hat einen weißen Spitzbart. Ich setze mich im Schneidersitz mit in den Kreis und erhalte eine Schüssel mit Reis, eine mit frittiertem Tintenfisch und einen Becher heißen Tee. Die anderen Männer nehmen ihre Unterhaltung wieder auf, ohne mich zu beachten. Ich esse und trinke, und dann fallen mir die Augen zu.

Wie soll ich erklären, dass ich einen Schlafplatz brauche? Ich brauche nichts zu erklären. Der Mann mit dem weißen Bart schaut mich an und sagt zwei Worte. Die anderen verlassen die Hütte. Der Mann gibt mir ein strohgefülltes Kissen und zeigt mir durch eine Geste, dass ich mich hier ruhig schlafen legen kann. Das letzte, was ich wahrnehme, ist das Pfeifen des Zuges, der an der Hütte vorbeirattert.

Am nächsten Morgen danke ich dem alten Mann, und er murmelt mir etwas ins Ohr und deutet gen Himmel: Vielleicht hat er mich gesegnet. Ich entferne mich ein paar hundert Meter von den Hütten und warte am Bahngleis auf einen Zug, auf den ich aufspringen könnte. Es kommt keiner vorbei.

Ich verbringe den ganzen Tag damit, den Bauern des Dorfes dabei zuzusehen, wie sie mit Ochsen ihren Boden pflügen. Am Abend helfe ich ihnen beim Holzhacken. Als es dunkel wird, laden mich die Bauern wieder in die Hütte ein. Sie lassen sich im Dunkeln im Kreis nieder. In einer anderen Ecke des Raumes brennt ein Feuer, das nur wenig Licht spendet. Wieder bekomme ich eine Schüssel Reis sowie ein Gericht, das Kuhmagen sein dürfte. Ich versuche, meinem Gastgeber mit dem weißen Bart zu erklären, warum ich ohne Geld und ohne Gepäck unterwegs bin. Er versteht kein Wort. Als ich es schließlich etwas deprimiert aufgebe, mich ihm gegenüber verständlich zu machen, führt er mich ans Feuer, nimmt ein Stück Holzkohle, malt ein Herz auf seine Tunika und lächelt mich an.

Ich darf wieder in seiner Hütte nächtigen. Durch das Rauchabzugsloch in der Decke kann ich den Sternenhimmel beobachten. Mir geht es gut. Auch wenn ich noch nicht weiß, wie ich hier wieder wegkomme, ist mein Projekt bisher doch erfolgreich. Und hier, in diesem Dorf, dessen Namen ich nicht kenne, erlebe ich, wovon ich bisher nur träumen durfte: Universelle Brüderlichkeit. Und ich habe erfahren: Momente des Leids sind notwendig, um die Intensität des Lebens zu spüren.

Mitten in der Nacht höre ich einen Zug, der sich langsam aus Richtung Westen nähert. Es muss ein Güterzug sein. Ich springe auf, nehme meinen Bauchgurt und einige gegarte Kartoffeln von der Feuerstelle und laufe zu den Gleisen. Der Zug rattert langsam heran. Es gelingt mir, aufzuspringen und mich in einen der offenen Waggons fallen zu lassen. Er ist mit Kies gefüllt.

Ich habe ganz instinktiv gehandelt, ohne lange nachzudenken. Die frische Luft macht mich hellwach. Ich lege mich auf die Steine und schaue in den Himmel. Mir fällt auf, dass ich überhaupt kein Heimweh mehr habe: Die Reise ist mein Leben geworden.

Vier Stunden später läuft der Zug in den Bahnhof von Tianjin ein, aber ich kann nicht aussteigen. Auf der einen Seite blockiert ein Werbeschild meinen Weg, auf der anderen sehe ich fünf Beamte, die die Räder kontrollieren. Der Zug fährt wieder an, weiter in Richtung Osten. Ich hoffe, dass er bis Tanggu weiterrollt. Dort fahren die Fähren nach Korea ab. Tatsächlich erreichen wir eine Stunde später die chinesische Hafenstadt.

Es gelingt mir, unbemerkt aus dem Kies-Container herauszuklettern. Ich fühle mich unglaublich schmutzig. Jetzt ist es Zeit für ein Bad. Mit geklauter Hotelseife, Zahnpasta und Zahnbürste bewaffnet, springe ich ins Gelbe Meer, das in Wirklichkeit eher rotbraun ist.

Am Hafen frage ich nach den Abfahrtszeiten für die Fähren nach Südkorea. Die nächste legt morgen früh ab und wird 28 Stunden später am Hafen von Inch'ŏn in Korea eintreffen. Ich hatte eigentlich gedacht, ich könnte mir diese Überfahrt als blinder Passagier erschleichen, aber beim Anblick der Mole scheint mir dieser Plan undurchführbar zu sein: Bewaffnete Grenzbeamte kontrollieren jeden Passagier. Ich hätte es mir denken können: China ist noch immer ein kommunistisches Land. Nur wenige Chinesen dürfen ins Ausland reisen.

Was soll ich tun? Ich versuche, zunächst das Personal am Fahrkartenschalter, dann die Beamten der Hafenwacht zu bequatschen. Ich zeige ihnen meine Pressemappe, versuche auf Englisch, mein Projekt zu erklären. Vergeblich: Die meisten Leute, mit denen ich rede, verstehen kein Wort. Und die, die mich verstehen, interessieren sich nicht die Bohne für meine Unternehmung. Am Nachmittag weiß ich: Entweder bringe ich 80 Dollar für das billigste Überfahrt-Ticket auf, oder ich muss meine Reise abbrechen.

Ich setze mich auf die Mauer am Kai und spreche wenig später einen Seemann an. Er ist Kambodschaner und kann perfekt Französisch. Er bietet mir eine Zigarette ohne Filter an, die in ein Palmblatt gerollt ist, und rezitiert kambodschanische Gedichte. Dann erzählt er mir, dass er davon träumt, eines Tages auf einem Segelschiff nach Amerika zu fahren. Ich frage ihn, ob er eine Idee hat, wie ich ohne Geld nach Korea kommen könnte. Er gibt mir einen Tipp: »In Tianjin gibt es eine Fabrik, in der nur Italiener arbeiten. Vielleicht können die dir weiterhelfen.«

Ich breche sofort auf: voller Hoffnung auf einen Teller Pasta, den mir meine Landsleute gewiss offerieren können, und ein paar Neuigkeiten über den Verlauf der Fußball-WM.

Ich stelle mich als Anhalter an die Straße, die vom Hafen in Richtung Westen führt. Nach einer halben Stunde stoppt ein klappriger Kleinlaster. Am Steuer sitzt ein junger Chinese, klein und schmal, mit Haaren, die ihm auf die Schultern fallen. Er spricht ein wenig Englisch und erklärt mir, dass er Student sei und sich das Studium durch Transportfahrten verdiene.

Er bringt Obst und Gemüse nach Tianjin. Ich versuche ihm mein Projekt zu erklären und zeige ihm meine Pressemappe mit den Fotos. Der Student lacht sich darüber kaputt. Ich habe keine Ahnung, ob er verstanden hat, was ich ihm erzähle, und warum er das so komisch findet. Aber kurz darauf hält er an einer Baracke am Strassenrand und spendiert mir einen Teller Reis mit Huhn und ein Bier. Den anderen Kunden, die um uns herum stehen, erzählt er irgendetwas, und sie schauen mich mit großen Augen an. Dann prosten sie mir zu.

Als wir wieder in den Laster steigen, springt der Motor nicht an. Ohne dass mein Gastgeber etwas sagen muss, kommen die Leute, die mir gerade noch zuprosteten, zu uns herüber und beginnen, den Laster anzuschieben. Sie schuften sich mindestens einen Kilometer lang ab, dann springt unser Auto endlich an. Der Student bremst, legt den Leerlauf ein, gibt ordentlich Gas, und unterdessen springt einer der schweißüberströmten Helfer hinten auf die Ladefläche und wirft den anderen Obst und Gemüse zu. Danach kommen alle an mein Seitenfenster und applaudieren mir zum Abschied. Wer weiß, warum?

Wir rumpeln weiter in Richtung Tianjin. Je näher wir der Siebenmillionenstadt kommen, desto dichter und chaotischer wird der Verkehr. Schließlich stoppt mein Gastgeber an einer Straßenkreuzung und zeigt mir, dass ich, um zur italienischen Fabrik zu kommen, eine andere Richtung nehmen muss als er. Ich bedanke mich bei ihm und bitte ihn, mir den chinesischen Ortsnamen aufzuschreiben. Zum Abschied gebe ich ihm eine meiner Visitenkarten, aber er will vier und erklärt, er wolle sie seinen Schwestern schenken.

Tianjin ist eine unglaubliche Stadt: Seit über 150 Jahren haben sich hier Abenteurer, Händler, Diplomaten und Geschäftsleute aus allen Teilen der Welt niedergelassen, und jedes Stadtviertel sieht anders aus. Man sieht Villen im bayrischen Stil, viktorianische Wohnhäuser, kleine Schlösser nach französischer Art. Es gibt belgische, russische und australische Gaststätten. Ich schlendere durch die Stadt, die so viel lebenslustiger und lebendiger wirkt als Peking, und ich besuche den »Quanye Bazaar«, ein neunstöckiges Einkaufszentrum, in dem statt Puppen echte Menschen in den Schaufenstern stehen.

Als ich irgendwann wieder eine Hauptstraße erreiche, versuche ich, per Anhalter näher an mein Ziel, die italienische Fabrik, zu kommen. Es stoppt ein blauer Landrover. Am Steuer sitzt eine Frau aus dem Westen. Sie ist ganz leger gekleidet: Enge Jeans mit Löchern über den Knien, grünes T-Shirt, Sonnenbrille. Sie ist blond und sehr attraktiv, obwohl sie sicher über 40 Jahre alt sein dürfte.

Ich zeige ihr den Zettel, auf dem der Ortsteil steht, den ich aufsuchen will. »Oh, du willst italienische Freunde besuchen?« fragt sie auf Englisch.
»Ja, ich bin auch Italiener«, antworte ich.
Sie lächelt mich an. Dann gibt sie Gas. Sie fährt barfuß und kurvt wie ein Slalomfahrer durch den höllischen Verkehr von Tianjin. Dabei raucht sie Marlboros, die roten. Der Lärm draußen ist so stark, dass wir uns nicht unterhalten können. Zu guter Letzt hält sie vor einem Hotel, das ziemlich luxuriös aussieht, und fragt mich, ob ich etwas trinken möchte.

Marhite spendiert mir auf der Hotelveranda ein Bier und erklärt mir, dass sie Norwegerin und gemeinsam mit ihrem Mann Dudley für IDEA tätig sei, eine Friedensorganisation, die mit der UNO zusammenarbeitet. »Wir gehen in Krisengebiete und versuchen, dort durch unsere Vermittlung Frieden zu erhalten oder wieder herzustellen. Unser Motto ist: Alle Menschen, egal welchen Glaubens, welcher Überzeugung, welcher Herkunft, welcher Rasse sie auch sind, haben mehr gemeinsam, als sie trennt.«

Jetzt erzähle ich Marhite von meiner Unternehmung, und sie hört zu, lächelt, stellt aber keine Fragen. Als wir beide schweigen, frage ich, ob sie Kinder hat. »Ich hatte einen Sohn, Peter. Er wäre jetzt etwa in deinem Alter. Aber er kam bei einem Motorradunfall ums Leben.«

Ich weiß nicht, was ich dazu sagen soll. Also schweigen wir beide, betrachten den Sonnenuntergang, und Marhite ordert noch zwei Bier und für jeden von uns einen Teller Dumplings, die ich mit kaum zu verhehlendem Heißhunger verspeise. Auch nach dem Essen bleiben wir auf der Veranda sitzen und schauen auf die Millionen von Insekten, die im Schein der Straßenlaternen tanzen. Nach fünf Gläsern Bier und diversen Gerichten ist die rote Kerze auf unserem Tisch abgebrannt. Marhite will nach Hause fahren und bietet an, mir eine Übernachtung im Hotel zu bezahlen. Ich lehne dankend ab. »Wenn du mir tatsächlich einen Gefallen tun willst, dann hilf mir, nach Korea zu kommen«, bitte ich sie stattdessen.

Marhite lächelt und willigt ein!

Wir verabreden uns für den nächsten Morgen vor dem Hotel.
Nachdem Marhite abgefahren ist, suche ich den Kellner, dem sie gerade ein üppiges Trinkgeld gegeben hat, und frage ihn, ob er mir nicht

einen Gratisschlafplatz besorgen könne. Er mustert mich, dann grinst er und lädt mich ein, ihm zu folgen. Wir gehen etliche endlose schmale Gänge entlang, mal treppauf, mal treppab, und am Ende stehen wir vor den bescheidenen Hütten für das Personal. Der Kellner öffnet eine Tür und zeigt auf ein leeres Bett. Im gleichen Zimmer liegen zwei Männer und schnarchen laut.

Ich verbringe eine praktisch schlaflose Nacht, denn das Husten und Keuchen meiner Zimmergenossen raubt mir die Ruhe. Als ich mich am Morgen vor dem Spiegel rasieren will, kotzt einer von ihnen, ein dicker Chinese, in das Waschbecken.

So frisch es eben ging, erwarte ich Marhite vor dem Hoteleingang. Fünf Minuten später trifft sie lächelnd ein. Sie spendiert mir einen Kaffee, und dann geht es ab nach Tanggu.

Die nur grob asphaltierte Straße gleicht einem Ameisenhaufen aus Lastwagen, die sich gegenseitig rechts und links überholen, ohne auf irgendwelche Regeln zu achten. Marhite schlängelt sich tapfer durch und verbraucht dabei ihr gesamtes Repertoire an chinesischen Schimpfwörtern.

Als wir endlich im Hafen sind, treffen wir auf eine Masse hysterischer Chinesen: Fischer, die auf ihre Abnehmer warten, Händler, die auf ihre Ware warten, Marktverkäufer, die Snacks feilbieten, bettelnde Vagabunden und Reisende wuseln hier herum, und alle schreien sich an. Ich nehme Marhites Hand und bahne uns den Weg zum Fährbüro. Als wir endlich dort ankommen, befiehlt Marhite: »Rühr dich nicht vom Fleck und sprich mit keinem Menschen!« Dann geht sie durch eine Tür mit der Aufschrift »No Entry«.

Durch das Fenster kann ich sehen, wie sie mit einem Chinesen spricht und ihm dann diskret eine Banknote in die Hand drückt. Die Begegnung dauert nur wenige Minuten, dann verabschieden sich die beiden freundschaftlich voneinander. Marhite umarmt mich, öffnet ihre Handtasche und schenkt mir noch eine Schachtel Zigaretten: »Gute Reise!«, wünscht sie mir. Dann verschwindet sie in der Menge.

Korea

Ein Seemann bittet mich, ihm zu folgen. Er drückt mir ein Stück mit chinesischer Schrift bedruckte Pappe in die Hand und bringt mich zu einer blau-weiß gestreiften Fähre. Das Schiff ist überraschend groß und sicher uralt.

An Bord wird mir ein Platz in der Sektion 3b zugewiesen, der billigsten der sechs Klassen. In dem großen Saal unter Deck liegen etwa 50 strohfarbene Futons und einige Kissen auf dem Fußboden herum. Ich würde mir gerne einen Platz in der Nähe des Ausgangs reservieren, indem ich da etwas hinlege. Aber ich habe ja nichts außer meiner Jacke und meinem Bauchgurt. Das Risiko, eines von beiden verlustig zu gehen, ist mir zu hoch. Also werfe ich mich gleich auf die dünne Matratze und schlafe sofort ein. Als ich am Nachmittag erwache, steige ich hoch an Deck, gehe zum Bug der Fähre und schaue gen Osten aufs Meer.

Ich muss in den vergangenen zwei Wochen in Tausende von chinesischen Gesichtern geblickt haben. Dabei habe ich gelernt, dass die Chinesen nicht alle gelb sind, sondern so unterschiedliche Hautfarben haben wie Norweger und Marokkaner. Irgendwo habe ich gelesen, dass die Erde in Europa beben würde, wenn alle Chinesen gleichzeitig einmal in die Luft sprängen. Aus meinem Gürtel hole ich alle Visitenkarten von Menschen, denen ich in China begegnet bin und die mir irgendwie weitergeholfen haben: Ich zähle 23.

Unter den Menschen, die hier mit mir an Deck der Fähre stehen, entdecke ich nur zwei westliche Gesichter: Die von zwei Deutschen auf Hochzeitsreise. Sie heißen Christina und Heinz und wollen ganz Ostasien bereisen. Leider ist Heinz einsilbig, und Christina will ganz offensichtlich mit ihm allein sein. Deshalb ist unser Gespräch nur kurz, und ich gehe mit leerem Magen in den Schlafsaal.

Dort unten stinkt es nach Schweiß und Käsefüßen. Mein Futonnachbar schnarcht in einer solchen Lautstärke, dass ich meine Matte nehme und sie draußen an einer windgeschützten Stelle am Heck ausrolle.

Der Polarstern über mir zeigt mir an, dass wir uns auf dem richtigen Kurs befinden.

Bei Sonnenaufgang bevölkert sich das Deck mit älteren Asiaten in weißen Gewändern, die Gymnastik in Zeitlupe machen: Ist das Tai-Chi? Ich fühle mich schmutzig, meine Kleidung stinkt nach Dieselöl und Fisch. Im Waschraum versuche ich mich ein wenig frischer zu machen.

Jetzt brauche ich nur noch ein Frühstück. Ich stelle mich vor den Kiosk, an dem die anderen Fahrgäste Getränke kaufen, und lächele, darauf hoffend, dass sich irgendein Chinese oder Koreaner meiner erbarmt. Alle lächeln zurück, aber keiner kommt auf die Idee, mir einen heißen Kaffee auszugeben. Nach einer halben Stunde spricht mich endlich jemand an.
»Where are you from?«
»Italy.«
»Oh, meine Familie ist katholisch. Wir werden im Heiligen Jahr nach Rom pilgern. Gestatten, mein Name ist Mr. Shin.«

Mr. Shin trägt einen eleganten dunkelblauen Anzug zu einem hellblauen Hemd und sieht damit so aus wie ein sympathischer italienischer Busfahrer. Er bestellt mir einen doppelten Espresso mit Milch und Zucker und lädt mich ein, ihn in seiner bequemen Erste-Klasse-Kabine zu trinken.

Mr. Shin ist ein koreanischer Geschäftsmann, der bereits etliche Reisen nach Europa unternommen hat. Er fragt mich über einige europäische Gewohnheiten aus. Ich gestehe ihm, dass ich noch nicht gelernt habe, einen Chinesen von einem Koreaner, Thailänder oder Birmanen zu unterscheiden.
»Ihr Europäer denkt, wir Asiaten sähen alle gleich aus und hätten alle das gleiche aufgesetzte Lächeln«, sagt Mr. Shin, »dabei kommunizieren wir allein in Korea nicht nur mit unserer Sprache, sondern mit 42 verschiedenen Gesichtsausdrücken, die alle eine festgelegte Bedeutung haben. Ihr denkt, die Asiaten wären weniger expressiv als ihr, aber das ist nicht richtig. Richtig ist, dass wir zurückhaltender sind: Das liegt sicher auch an unserer Erziehung. In Korea müssen Kinder ihren Eltern ohne Widerworte gehorchen, auch wenn sie erwachsen sind.«

Wir kehren zurück aufs Deck. Einige junge Leute jubeln begeistert. Sie haben Delphine entdeckt. Wir sind inzwischen in koreanischen Gewässern angelangt, und ich kann die ersten von 3300 Inseln entdecken, die zum koreanischen Staatsgebiet gehören. »Die kleinsten«, erzählt Mr. Shin, »sind in Privatbesitz.« Auch Mr. Shin besitzt ein Stück Land auf einer dieser Inseln. Er will dort seinen Lebensabend verbringen. Bisher lebt er in Seoul und arbeitet, wie die meisten seiner Landsleute, sechs Tage pro Woche und hat nur fünf Tage Urlaub im Jahr. »Wer es sich leisten kann, verbringt diese Urlaubstage in Europa«, sagt Mr. Shin. Wir werden uns einig darüber, dass der Reichtum künftiger Generationen nicht mehr in Geld, sondern in Zeit gemessen wird: Freizeit könnte der Luxus des nächsten Jahrhunderts werden.

Während wir in den Hafen von Inch'ŏn einlaufen, nehme ich meinen ganzen Mut zusammen und frage Mr. Shin, ob er mich ein paar Tage bei sich aufnehmen würde.

Ich hatte versucht, ihm mein Projekt zu erklären, und er hatte höflich-interessiert reagiert. Aber meiner Meinung nach konnte er keinen Sinn in meiner Unternehmung entdecken.

Jetzt schweigt er, und wir schauen beide, etwas peinlich berührt, aufs Meer. Dann sagt Mr. Shin: »Ich würde Ihnen mit großem Vergnügen meine Gastfreundschaft anbieten, aber wir ziehen genau in diesen Tagen um.«

Ist es eine Ausrede, oder könnte es ihm tatsächlich peinlich sein, mich in einem unordentlichen Haus aufzunehmen?
»Ich könnte Ihnen beim Umzug helfen und mich nützlich machen«, hake ich nach.
Mr. Shin lächelt und bietet mir eine Zigarette an: »Okay, aber ich bitte Sie, die Unordnung zu übersehen, die bei uns herrschen wird.«

Im Hafen begleitet mich Mr. Shin in die Büros der »Seaman«, in denen ich meine Überfahrt nach Amerika bestätige. In einer Woche legt ein Frachter unter panamesischer Flagge mit norwegischem Kapitän ab, der mich als »Aushilfs-Schiffsjungen« an Bord nimmt. Diese Gratis-Ozeanüberquerung hatte ich bereits vor Reiseantritt organisiert. Ich hatte mir einfach eine Liste mit großen Reedereien besorgt, die ich eine nach der anderen anfaxte.

Mr. Shin hat einen Dantsu, eine Art Mercedes made in Korea. Wir fahren durch das sonnige Stadtzentrum von Seoul, wo es so hektisch zugeht wie in der City von London. Die Bürgersteige sind überfüllt von jungen Menschen, die allesamt dunkle Anzüge und Krawatten tragen und sich fast im Laufschritt bewegen. An das Zentrum schließt sich jenes Stadtviertel an, in dem die Diplomaten leben. Wir fahren durch breite Strassen, sehen prächtige Villen, gepflegte Gärten, die Eingangsschilder exklusiver Clubs. Dann werden die Wohnhäuser immer größer und grauer und trister. Das Zentrum Seouls dient nur dem Handel und dem Tourismus, während die Einwohner der koreanischen Hauptstadt hier draußen am Stadtrand leben, in kleinen, teuren, spartanischen Wohnungen innerhalb riesiger Wohnblocks.

Mr. Shins Familie lebt in einem vergleichsweise luxuriösen Apartment, das aus einem Wohnzimmer mit niedrigen Möbeln aus massivem Holz, einer Küche, drei kleinen Schlafzimmern und einem Badezimmer besteht, in dem es von Hygieneartikeln jeder Art nur so wimmelt. Die Stereoanlage, der Fernseher, das Videogerät sind schon für den Umzug eingepackt. Kinderspielzeug liegt auf dem Wohnzimmerboden herum.

Aus der Küche kommt Mrs. Shin, genannt Sue. Sie ist klein und schlank. Ihr glattes schwarzes Haar ist kinnlang geschnitten. Während ihr Mann ihr die Situation erläutert, begrüßt sie mich mit wiederholten Verbeugungen, eingefrorenem Lächeln und Applaus. Dann führt sie mich in das winzige Gästezimmer. Ich setze mich auf das Bett. Gott sei Dank habe ich kein Gepäck: Hier hätte ich auch nicht gewusst, wo ich es lassen sollte.

Kurz darauf serviert Mrs. Shin im Wohnzimmer Tee und Pilzpasteten, mit denen ich mir meinen leeren Magen fülle. Mrs. Shin spricht kein Wort Englisch und trippelt immer mit kleinen Schritten hinter ihrem Mann her. Jede ihrer Gesten drückt aus: Sie ist seine Dienerin.

Als eine Kuckucksuhr, die ihr Mann in Tirol gekauft haben muss, sechsmal anschlägt, klingelt es. Mrs. Shin eilt zur Haustür. Kurz darauf erscheinen zwei Kinder: Kyong, zehn Jahre alt, und Tangsum, zwölf. Es gibt Milch, Nutellabrote und Kekse, und dann spiele ich mit den beiden Kindern auf dem neuesten Nintendo-Modell. Ich fühle mich wohl.

Am nächsten Morgen helfe ich Sue dabei, Umzugskisten zu packen. Es ist ihr ganz offensichtlich peinlich, das ich unbedingt mit anpacken will, aber ich bestehe darauf. Also lässt sie mich die Bücher einpacken, während sie mit geschickten Fingern und zierlichen Bewegungen die zerbrechlichen Objekte sichert.

Am Nachmittag besichtige ich das Stadtzentrum von Seoul. Mrs. Shin hat mir zwei Metrofahrkarten geschenkt. Ich besuche – dank meines Presseausweises gratis – das »War Memorial«, ein Museum, in dem Waffen von Pistolen bis zum Panzer ausgestellt sind, mit denen sich Amerikaner und Russen in den 50er Jahren auf koreanischem Territorium bekriegt haben. Die Filme, die dazu gezeigt werden, scheinen nicht gerade Dankbarkeit gegenüber den Amerikanern zu bezeugen.

Nach dem Museumsbesuch wandere ich durch die Straßen dieser modernen asiatischen Metropole, in der die übrig gebliebenen antiken Tempel und Pagoden zwar eingezäunt sind, aber vom Smog angegriffen und vom Rattern der acht Metrolinien durchgeschüttelt werden.

Am nächsten Tag spaziere ich durch die Chongno, eine der Haupteinkaufsstraßen von Seoul. Große Kaufhäuser haben die kleinen Geschäfte fast völlig verdrängt. Nur hinter den Ecken kleinerer Kreuzungen überlebt noch der eine oder andere Tante-Emma-Laden älterer Besitzer. Meine Aussichten, hier irgendwo einen Gratis-Snack zu ergattern, sind gleich Null.

Im Tapkol-Park, in dem die Rentner den Tag verbringen, stoße ich schließlich auf einen traditionellen Gemüsemarkt. Ich schaue mir die Auslagen an und entdecke Wurzeln, die ich noch nie gesehen habe. Die Händler amüsieren sich über mein Interesse, halten mir die Pflanzen unter die Nase. Eine alte Frau offeriert mir ein besonders mächtiges Exemplar und erklärt mir mit eindeutigen Gesten die vergrößernde Wirkung, die der Genuss dieses Gemüses auf meinen Penis haben würde. Ich lache und sage, dass ich kein Geld habe. Da bricht sie ein kleines Stück der Wurzel ab, steckt es mir in die Tasche und lacht mich zahnlos an.

Auch an den anderen Ständen schenken mir die Händler kleine Stücke aller möglichen Nahrungsmittel zum Probieren. Ob süß, sauer, scharf, bitter: Ich stelle fest, dass mir inzwischen alles recht ist, was irgendwie den Magen füllt. Ich habe keine geschmacklichen Vorlieben mehr. Allerdings bekomme ich schlimme Kopfschmerzen. Vielleicht habe ich zu viel Ginseng gegessen.

Als ich aus dem Park herauskomme, spricht mich ein junger Mann an. Er heißt Wuang, macht gerade einen Englischkurs und will mit mir ein wenig üben. Er trägt eine Jeans von Gucci. Als ich ihn darauf anspreche, lacht er und sagt, in Korea werde jedes westliche Markenprodukt gefälscht. Kein Gesetz schützt hier ein Copyright. Wuang geht mit mir in einen Plattenladen und zeigt mir CDs mit Titeln aus amerikanischen und europäischen Hitparaden. Die Cover sind identisch, aber die Songs, sagt Wuang, werden von koreanischen Sängern und Musikern nachgespielt.

Als wir wieder auf der Straße spazieren gehen, erkläre ich Wuang mein Projekt. Er scheint begeistert zu sein und überredet mich, mit ihm den Sorak-san-Park zu besuchen, der fünf Stunden von Seoul entfernt liegt. Wuang gibt mir Kleingeld, und ich versuche die Shins anzurufen, um ihnen zu sagen, dass ich nicht zum Abendessen komme, aber es hebt keiner ab. Wir beschließen, trotzdem aufzubrechen. Wuang zahlt mein Busticket und gibt mir eine Portion gedämpften Tintenfisch aus.

Im Bus zeige ich ihm meine Pressemappe. »Gibt es in Italien Schamanen?« fragt er plötzlich.
Ich sage, dass ich davon noch nicht gehört hätte.
»Also hast du noch nie einen kennen gelernt?« fragt Wuang.

Nun habe ich, als ich mit meinen Eltern in Afrika lebte, allerlei seltsame Menschen getroffen, die sich Schamanen nannten, aber ich will Wuang nicht enttäuschen und schüttele den Kopf. Er erklärt mir in abgehackten Sätzen, dass er mir in Bälde einen ganz besonders mystischen Ort in einem Wald zeigen werde, zu dem er sich zurückzieht, wenn er nachdenken oder beten will.

Als der Bus das nächste Mal anhält, sind wir die Einzigen, die aussteigen. Wir befinden uns auf einer staubigen Landstraße.
Wuang zeigt auf einen Hügel und sagt, dahinter läge das Dorf Sonynotang. Wir steigen einen steilen Pfad hinauf, der durch dichtes Gestrüpp führt. Wuang schreitet voran, ich stolpere schwer atmend bergan hinter ihm her. Endlich wird es flacher. Wir landen in einem dichten Wald. An einer Stelle erkenne ich beschnittene Bäume, die mich an Maxiversionen japanischer Bonsais erinnern. »Das sind heilige Pflanzen«, erklärt Wuang, »speziell ausgebildete Gärtner kümmern sich um sie.«

Wir gehen noch etwas weiter, bis sich ein weiter Ausblick ins Tal eröffnet. Farbige Flecken, die unter dem heißen Monsun erzittern, zeigen Felder und Obstgärten an. Ich kann Bauern mit Strohhüten hinter Ochsenkarren erkennen. Hier oben ist es völlig still. Kein einziges Geräusch lässt auf Leben schließen.

Wuang führt mich einen weiteren schmalen Pfad entlang, bis wir plötzlich vor einer Gruppe schlichter Hütten stehen. Wir gehen auf die einzige zu, die eine verschlossene Tür hat. »Hier wohnt der Schamane, der Mudang, der weise Mann, unser Vermittler zwischen dem Erdenleben und der spirituellen Welt«, sagt Wuang. Er klopft an. Eine Stimme erklingt aus dem Inneren. Wuang tritt ein. Ich folge ihm.

Ein Mann sitzt mit dem Rücken zu uns auf dem Fußboden. Ein weißes Laken verdeckt seine Schultern. Er dreht sich langsam um. Ich kann seine Augen nicht erkennen. Sie liegen versteckt zwischen tiefen Falten. Der Schamane beginnt einen Dialog mit Wuang, der für mich übersetzt.

»Was führt dich zu mir?«, fragt der weise Mann.
»Mein Instinkt«, antworte ich.
»Dann bleibe, so lange es nötig ist«, sagt der Mudang.
»Das würde ich gerne tun, aber ich muss weiterreisen«, sage ich.
»Ihr Westler seid immer in Eile. Ihr legt nie eine Pause ein, um nachzudenken und Energien zu sammeln.«

Ich weiß nicht, was ich dazu sagen soll. Also schweige ich und nehme seine Einladung an, hier oben wenigstens die Nacht zu verbringen. Ich denke an Mr. Shin und hoffe, dass er sich keine Sorgen um mich machen wird.

Der weise Mann führt mich hinaus. Es ist dunkel geworden. Der Wind ist jetzt kühl. Ein starker Geruch nach bissigem Rauch steigt mir in die Nase. Der weise Mann setzt sich auf einen großen roten Felsen, den höchsten Punkt des Hügels. Ein Kind kommt plötzlich aus einem Gebüsch hervor und lässt sich stolz neben dem Mudang nieder, der jetzt einen leisen, melodischen Gesang anstimmt und den Oberkörper dabei im Takt wiegt. Er meditiert.

Neben ihm kocht Wasser in einem Topf. Ein Mann in gelben Lumpen kommt herbei und bereitet mit nobler Gestik Tee zu, indem er die Flüssigkeit von einem Gefäß ins nächste gießt und sie uns schließlich in kleinen Porzellantässchen serviert.

Mir knurrt der Magen, und es gelingt mir, mir ein paar Kartoffeln im Feuer rösten zu lassen. Gesättigt suche ich mir einen Platz im Gebüsch und falle sofort in einen tiefen Schlaf. Ich träume die ganze Nacht vom Himmel und von Sternschnuppen. Wer weiß, was in dem Tee war, den man uns serviert hat.

Wuang weckt mich noch vor Sonnenaufgang mit einem harten Schlag auf meine Schulter. Der weise Mann erwartet uns auf seinem Felsen. Er hat gerötete Augen und sagt mit Nachdruck: »Hier ist Wahrheit, hier ist Gott nah.«
Ich weiß nicht recht, was ich dazu sagen soll, und murmele: »Ich hoffe, mein Instinkt wird mich noch an andere heilige Orte wie diesen hier bringen.«
Der weise Mann richtet sich auf, und weil der Frühnebel aus dem Tal aufsteigt, sieht er aus, als würde er auf einer Wolke sitzen. Zum Abschied schenkt er mir eine Weisheit: »Alles stirbt, alles rostet, alles vergeht, nur unser Geist nicht. Um zu sein, muss man auf das Erscheinen verzichten.«

Wuang und ich steigen den Berg hinunter. Ich rutsche mehr, als dass ich gehe, und fühle mich unendlich müde. Als wir im Tal ankommen, treffen wir Bauern, die uns ein paar Lychees und andere Früchte schenken, die ich noch nie zuvor gegessen habe. Im Autobus hole ich den Schlaf nach, den ich in dieser mystischen Nacht versäumt habe.

Bei Familie Shin ist niemand zu Hause, aber die Nachbarin gibt mir den Schlüssel. Offenbar hat Mr. Shin erwartet, dass ich wiederkommen würde.

An den folgenden zwei Tagen packen wir Kartons und Möbel ein. An meinem letzten Tag in Korea laufe ich ziellos durch die überfüllten Straßen und unterirdischen Märkte Seouls. Hier werden neben Obst und Gemüse, Käse und Fleisch auch die allerneusten High-Tech-Produkte made in Korea verkauft. An den Wolkenkratzern hängen gigantische Leinwände, auf denen Werbefilme für Autofahrer gezeigt werden.
Ich betrete ein Luxushotel und fahre mit dem Aufzug in die Panorama-Bar im 46. Stock. Ich setze mich auf eines der weißen Ledersofas, die auf flauschigen roten Teppichen stehen, und schaue durch die Glasfront hinunter auf die Stadt.

Ich zähle mehr rote »M«-Zeichen von McDonald's-Filialen als Pagoden. Während ich darüber nachgrübele, ob Korea es wohl schaffen wird, trotz der rasanten Entwicklung zum Kapitalismus seine Traditionen und Religionen zu bewahren, höre ich eine strenge Stimme auf Englisch sagen: »Was darf ich Ihnen bringen?«
Ich antworte dem Kellner, dass ich auf Freunde warte.
Doch nach zehn Minuten ist ihm klar, dass ich hier oben ganz allein bin und mir keine Bestellung leisten kann, sondern nur den Sonnenuntergang genießen will.

Er fragt mich, woher ich komme und warum ich mich in Seoul aufhalte. Ich verzichte darauf, ihm mein Projekt zur erläutern, und sage nur, dass ich als Tourist in Asien unterwegs sei.

»Wir Asiaten machen keine langen Ferien«, sagt der Kellner und setzt sich an meinen Tisch. »Wir erholen uns an den Sonntagen in den diversen Freizeitparks und Wellenbädern von Seoul, die uns das Gefühl geben, nur zwei Schritte von zu Hause entfernt in einem Ferienland zu sein. Ich gehe auf Safari, gleich hier vor der Stadt. Ich miete einen Jeep und hänge ein Stück Fleisch hintendran. Dann folgen mir die Löwen.«

Während der Kellner mit mir plaudert, bietet er mir Erdnüsse an, und wir betrachten gemeinsam die Sonne, die über Seoul versinkt.

Am nächsten Tag bietet sich die Familie Shin an, mich zum Hafen zu bringen. Ich möchte frühzeitig am Schiff sein, das am nächsten Morgen ablegen wird, weil ich noch Schwierigkeiten beim Einchecken befürchte. 16 Tage wird die Überfahrt dauern, und mir machen diese Tage ein wenig Angst. Ich weiß nicht, was mich an Bord erwartet, welche Arbeit ich dort verrichten soll, ob ich gratis zu essen bekomme. Außerdem hat man mir gesagt, der Pazifik könne ziemlich stürmisch sein.

Mrs. Shin schmiert mir Brötchen und packt mir Süßigkeiten ein. Dann fahren wir im blitzblank geputzten Wagen zum Hafen. Diese Familie hat mich praktisch adoptiert. Auf der Fahrt zum Hafen von Inch'ŏn sitze ich hinten mit den Kindern, die schon Badeanzüge und Schwimmflügel anhaben, weil sie im Meer baden wollen, und wir singen Lieder und zählen Nummernschilder.

Als wir am Frachthafen eintreffen, wird mir mulmig. Die Schiffe scheinen mir die größten zu sein, die ich jemals gesehen habe. Riesige Kräne heben Container. Wir finden die »Sea Crew«, und mein Weitwinkel ist zu klein, um dieses Riesenschiff zu fotografieren. Ich gehe ins Büro der Hafenwacht und muss unzählige Formulare ausfüllen, dann kehre ich zurück zum Auto und verabschiede mich von der Familie Shin. Alle vier verneigen sich vor mir, drücken mir die Hand und wünschen mir eine gute Reise. Ich umarme Mr. Shin und verspreche, ihn im Heiligen Jahr durch Rom zu führen. Er ist richtig gerührt, seine Augen glänzen, und mit väterlicher Attitüde sagt er zum Abschied: »Die schönste Reise ist die, die uns zu unserem Nächsten führt.«

Beim Überqueren einer Hängebrücke nach meiner auf der Chinesischen Mauer verbrachten Nacht.

Kompensationsgeschäft: Rikschafahren gegen Englischunterricht.

Auf der Überfahrt von China nach Korea mit meinem Gönner Mr. Shin.

Unterwegs bereits auf dem Pazifik und zu neuen Ufern.

Pazifik

Vor der langen Eisentreppe, die mich an Bord des Frachters »Sea Crew« bringt, knie ich nieder und hebe eine Hand voll Kieselsteine auf. Als kleines Andenken an Korea.

An Bord begrüßt mich das erste Mitglied der Besatzung: ein kleiner Mann, der von den Philippinen kommt. Er trägt einen gelben Bauarbeiterhelm und einen orangefarbenen Arbeitsanzug. Er reicht mir seine ölverschmierte Hand und fragt: »Matteo Pennacchi?«
»Ja.«
»Willkommen an Bord der ›Sea Crew‹. Ich bin Deng, der zweite Maschinenbauingenieur. Ich werde Sie jetzt durch das Labyrinth des Frachters führen.«

Wir steigen in einen Fahrstuhl. Auf dem Schild sind fünf Decks angezeigt. Er drückt den Knopf mit der Nummer 3. Dann begleitet er mich durch einen Gang und zeigt auf eine Tür.
»Das ist Ihre Kajüte. Wir sehen uns um 19 Uhr zum Abendessen.«
Mein Herz macht einen Sprung. Meine Verpflegung ist also sichergestellt im Tausch gegen Arbeit. Bloß welche Arbeit?

In meiner kleinen Kajüte, zwei Meter breit und vier Schritte lang, hänge ich meine Jacke, meine Mütze und meinen Bauchgurt an den Kleiderhaken. Es gibt ein Waschbecken, eine Minidusche, einen Tisch, eine Kommode sowie ein schmales Bett. Alle Möbel sind mit Schlaufen an den Wänden festgemacht. Ich bin begeistert über den Komfort, lege mich auf das Bett und schlummere, während ich das Bullauge aus Messing betrachte, schnell ein.

Als ich aufwache, ist es schon 20 Uhr. Verdammt, ich habe das Abendessen verpasst und treffe den Kapitän nicht mehr. In der Küche bekomme ich noch einen Teller mit Kartoffeln und Huhn. Ich sitze mit zwei Filipinos und einem Thailänder an einem Tisch. Alle drei sind schlechter Laune. Sie erzählen mir, dass sie seit mehr als einem Jahr auf diesem Schiff arbeiten und seitdem nicht ein einziges Mal länger als drei Tage an Land gewesen sind. Ich erfahre, dass die ganze Besatzung des Frachters nur aus 15 Leuten besteht: Sechs kommen von den Philippinen, vier aus Thailand, zwei aus Mexiko und drei aus Norwegen, darunter der Kapitän. Da meine »Kollegen« nicht sehr gesprächig sind, kehre ich nach dem Essen zurück in meine Kajüte und lege mich wieder schlafen.

Am Morgen hat sich der Himmel bewölkt, ein starker Südostwind zieht auf. Ich durchquere das Schiff, das zu vier Fünfteln aus einem immensen Frachtdeck besteht, das noch immer mit Containern beladen wird. Von der Kommandobrücke aus kontrolliert der Erste Offizier die Arbeiten.

Den Rest der Mannschaft treffe ich im Aufenthaltsraum, der im ersten Deck gelegen ist. Sie sitzen vor dem Fernseher und schauen sich eine auf Video aufgezeichnete Folge der amerikanischen Fernsehserie »Beautiful« an. Im Raum gibt es außerdem ein Regal mit Büchern in verschiedenen Sprachen, Videokassetten und einigen Tischspielen. An der Wand hängt ein »Penthouse«-Kalender.

Um elf Uhr kommt der Kapitän in den Raum und fordert die Mannschaft auf, sich zum Auslaufen bereitzuhalten.

Die Schiffsschraube beginnt sich zu drehen und wirbelt das Wasser des Pazifiks auf. Die Mannschaft zieht die Leinen ein. Wir laufen aus!

Kurz darauf werde ich auf die Kommandobrücke gerufen. Hier haben sich der Kapitän, der Steuermann und zwei Master versammelt. Der Blick, den man von da oben hat, ist atemberaubend. An der Seite sieht man die flachen Häuser der Koreaner am Hafen, vor uns erstreckt sich das ganze Schiff mit den 1210 geladenen Containern, und dahinter ist das Meer. Unendlich.

Kapitän Leander ist etwa 60 Jahre alt. Er ist groß und robust, hat eine Glatze und blitzblaue Augen.
»Siehst du die grünen Container dort hinten?«
»Ja, Sir«.
»Sie sind voller Obst und Gemüse, aber sie sind nicht gekühlt. Deine Aufgabe wird es sein, sie jeden Morgen und jeden Abend vor Sonnenuntergang zu wässern. Du wirst morgen damit beginnen!«
Der Kapitän schlägt mir auf die Schulter und wünscht mir eine gute Überfahrt.
Ich bin erleichtert. Die Arbeit verspricht relativ unterhaltsam zu werden und ist allemal besser, als ich befürchtet hatte.

Kaum haben wir den Hafen verlassen, müssen wir auch schon unsere Uhren umstellen. Wir haben die erste der acht Zeitzonen zwischen Korea und Kalifornien durchquert.
Die zehn Stunden, die ich seit meiner Abreise aus Italien in Richtung Osten verloren habe, werden durch die 24 Stunden kompensiert, die uns beim Passieren der Internationalen Datumsgrenze geschenkt werden. Auf dem Kalender dauert die Überfahrt 16 Tage, aber in Wirklichkeit werden es 17 sein.

Den Nachmittag verbringe ich in meiner Kajüte, wo ich mein Reisetagebuch vervollständige.

An diesem Abend ist der Speisesaal voll besetzt. Die Tische sind nach Nationalitäten getrennt. In der Mitte sitzen die drei Norweger. Ich darf mich zu den beiden Mexikanern setzen. Es wird kaum geredet.

Am nächsten Morgen fühle ich mich schlapp vor Müdigkeit, als wäre die ganze Energie, die ich brauchte, um ohne Geld und Gepäck Europa, Russland, China und Korea zu durchqueren, ein für allemal aufgebraucht. Ich fühle mich so bewegungslos wie die beiden vier Tonnen schweren Anker, die am Bug des Frachters ruhen.

Aber nach einem Frühstück mit Rührei, Ketschup und chinesischem Tee bin ich fit genug für meinen Job.

Ich bekomme einen riesigen gelben Ölmantel und den obligatorischen Helm. So ausgerüstet klettere ich mit Matahary, einem jungen Thailänder, auf die vierte Container-Reihe. Wir haken unsere Sicherheitsseile ein, die verhindern, dass wir über Bord gehen, und dann stellt Matahary die Meerwasserentsalzungsanlage an. Wir verbinden die dicken roten Wasserschläuche mit der Pumpe und spritzen die sieben Container ab, denen ein intensiver Duft nach exotischen Früchten entströmt. Ich hätte niemals gedacht, dass ich irgendwann in meinem Leben mitten im Ozean Obst wässern würde.
Der Wasserstrahl aus den Schläuchen spritzt so stark, dass wir nach einer Stunde alle beide von Kopf bis Fuß durchnässt sind. Matahary ist noch keine 20 Jahre alt und so behände und beweglich, dass er auf dem Schiff den Spitznamen »Blitz auf Turnschuhen« bekommen hat.
Nach der Arbeit setzen wir uns beide auf die Container, schauen auf den Himmel und das Meer und lassen uns vom warmen Ostwind trocknen.

Um 11.45 Uhr, 560 Seemeilen vom Hafen von Inch'ŏn entfernt, auf dem

31. Breitengrad und 130. Längengrad, sehen wir backbords die japanische Insel Kyushu und schlagen bald darauf den Kurs ein, der uns direkt nach Amerika bringen wird.

Die Wände der Kommandobrücke sind voller Hightech-Instrumente, elektronischer Landkarten, Computer und blinkender Knöpfe. Das Schiff läuft mit 20 Knoten, und ich frage den Kapitän, ob wir auch schneller fahren können.

»Das ist eine Frage der Kosten«, erklärt Kapitän Leander. »Bei 20 Knoten verbrauchen wir zehn Tonnen Dieselöl am Tag, bei 23 Knoten würden es 20 Tonnen sein.«

Essenszubereitung an Bord der »Sea Crew«.

Beim Mittagessen fragt mich die Crew erstmals nach meiner Reise. Dann nehmen sie mich auf den Arm und sagen, die Erde in hundert Tagen zu umrunden sei kein Kunststück, die »Sea Crew« würde das in dreiundsiebzig Tagen schaffen, und das viermal im Jahr.

Am Abend spritze ich wieder meine Container ab und betrachte den Sonnenuntergang, der den Himmel in pastellfarbenes Licht taucht. Die Sonne versinkt unglaublich schnell in den tiefen Wassern des Pazifik. Tausende von Meilen entfernt feiert meine Mutter heute ihren Geburtstag. Ich denke hier im Dunkeln an ihr immer sonniges Gesicht, und einen Augenblick lang überfällt mich heftiges Heimweh.

Am nächsten Morgen stehe ich bei Sonnenaufgang am Bug. Von dem heftigen Gewitter, das uns heute Nacht durchgeschüttelt hat, sind kaum noch Spuren zu erkennen.
»Die Brise wird in wenigen Stunden nicht mehr zu spüren sein«, sagt Kapitän Leander mit einem Blick auf Himmel und Meer und einem Ohr am Wind.

Heute überqueren wir die Internationale Datumsgrenze, und ich habe die Hälfte meiner Reise geschafft und kehre in die westliche Hemisphäre zurück.
Ich bin extra auf die Kommandobrücke gegangen und bin jetzt ein bisschen enttäuscht, weil keine Glocke klingelt, kein Lämpchen aufblinkt. Das Global Positioning System zeigt 180° 00' 00'' Ost und eine Sekunde später 179° 59' 59'' West. Das ist alles. Aber damit haben wir einen Tag gewonnen. »Hier spricht der Kapitän: Morgen ist wieder Mittwoch«, sagt Leander ins Mikrophon.

Diese Magie hat Fogg in Jules Vernes »In 80 Tagen um die Welt« ermöglicht, seine Wette zu gewinnen. Er hatte 80 Sonnenuntergänge gesehen und deshalb geglaubt, sein Ziel nicht erreicht zu haben, aber seine Freunde in London hatten nur 79 Sonnenuntergänge gezählt – und so wurde Miss Aouda Mrs. Fogg.

Aber das war natürlich nur ein Roman. Ich hingegen bin an meinem 52. Reisetag und habe noch 48 Tage übrig. Ich habe mir das Hundert-Tage-Ziel gesetzt, um nicht der Versuchung zu erliegen, einfach irgendwo unterwegs hängen zu bleiben und meinen Traum nicht Wirklichkeit werden zu lassen.

Am Mittag zeigt mir der Chefingenieur den 300 Quadratmeter großen Maschinenraum, der auf drei Ebenen unter dem Meeresspiegel liegt. Der Lärm ist betäubend, aber ich will die Ohrenschützer nicht: Ich möchte die ganze Kraft dieser 22 000 Pferdestärken hören. Der Motor ist ein Monstrum: Zwei Meter hoch, sieben Meter breit, und die Schraubenwelle hat einen Durchmesser von einem Meter. Vier Männer der Crew kümmern sich um die Wartung der Dieselmaschine.

Es gibt auch einen Fitnessraum für die Mannschaft: Mit lauter Geräten zum Krafttraining, Tischtennisplatte und Sauna. Ich sehe einen Punchingball und weiß, woran ich mich an den kommenden Tagen abreagieren werde.

Eines bedrückt mich ein wenig hier an Bord: Es ist mir nicht gelungen, mich mit den Mitgliedern der Besatzung anzufreunden. Ich bin ein einsamer Außenseiter. Alle machen ihren Job, und dann sitzen sie abends vor dem Fernseher und schauen alte Karatefilme. Mit mir redet keiner, aber ich habe mich bisher auch nicht gerade angestrengt, Kontakt zu bekommen.

Ich gehe in die Kombüse und suche das Gespräch mit dem mexikani-

schen Koch Juan. »Was kochst du am liebsten?«
»Schwertfisch«, sagt Juan. Seine blitzblanke weiße Küchenschürze und seine weiße Kochmütze passen irgendwie nicht so recht zu seinem unrasierten Kinn und seinen silbernen Ohrringen.
»Du bist Italiener. Warum kochst du uns nicht mal was Schönes?«
»Okay«, sage ich.
Wir einigen uns darauf, dass ich Spaghetti mit Venusmuscheln zubereite.

Juans Küche ist fünfmal so groß wie meine Kajüte, und er hat den größten Pastatopf, den ich je gesehen habe. Während ich die Sauce vorbereite, schaut mir Juan sehr genau auf die Finger. Vielleicht hofft er, sich ein paar italienische Kniffe abzuschauen.

»Weil die Muscheln tiefgefroren sind und dadurch an Geschmack verloren haben, gebe ich ein paar Sardellenfilets und Sellerie in die Sauce«, schlage ich vor.
Während die Pasta kocht, zieht Juan eine Nudel aus dem Topf und wirft sie gegen die Decke. »Wenn sie kleben bleibt, sind die Spaghetti fertig«, sagt er.
»Nein, wenn sie kleben bleibt, sind sie nicht mehr al dente!« widerspreche ich.
Also beschließen wir einen Wettbewerb: Jedes Mitglied der Crew bekommt auf seinem Teller eine Portion von Juans Nudeln und eine von meinen Spaghetti »al dente«. Nach dem Essen wird darüber abgestimmt, welche Nudeln besser waren. Wer verliert, hat eben Pech gehabt und muss die nächste Mahlzeit zubereiten.

Juans Spaghetti gewinnen mit acht zu sechs Stimmen. Also muss ich morgen wieder ran!

Aber jetzt ist es Zeit, meine Container zu wässern. Ich bin spät dran. Die Sonne versinkt im Meer, und ich stehe allein im Dunkeln auf dem riesigen Deck. Ringsherum gibt es nur den unendlichen Ozean. Ich stelle mir vor, der Kapitän eines Geisterschiffes zu sein, das Aliens transportiert, die in den Containern eingeschlossen sind. Mich schaudert's. Als ich den Blick gen Himmel hebe, fühle ich mich aufgesogen vom Wirbel der Sterne.

Am Heck entdecke ich eine Hängematte. Ich hole einmal tief Luft wie eine Robbe vor dem Untertauchen, und dann lasse ich mich mit geschlossenen Augen hineinfallen. Ich schaukele in einer Hängematte auf einem panamesischen Frachter mitten im pazifischen Ozean unter einer Bettdecke aus Sternen. Wahnsinn!

Aus dem Dunkeln nähern sich zwei der philippinischen Matrosen. Beide haben eine Flasche Bier in der Hand und setzen sich in meine Nähe. Ihre Gesichter sind von Wind und Wetter gegerbt. Keiner sagt ein Wort. Die beiden schauen hinaus aufs Meer, bis einer von ihnen den Arm ausstreckt, erst auf den Polarstern, dann auf das Meer zeigt und auf Englisch zu mir sagt: »Wir alle werden als kleine einsame Wellen geboren. Während wir über das Meer gleiten, treffen wir häufig ganz große Wellen, in denen die kleinen Wellen aufgegangen sind, um Schutz zu suchen. Aber jetzt haben sie keine Möglichkeit mehr, ihrem Leben eine andere Richtung zu geben als die, die die grosse Welle einschlägt. Sie sind sicher vor jedem Sturm, aber sie haben das Gefühl für die Navigation verloren. Die kleinen Wellen, die die Kraft haben, ihren Weg allein zu gehen, werden auf harte Proben gestellt. Aber sie wachsen, sie entdecken das Meer, und am Ende sterben sie einsam, aber auf einem Strand, den sie sich ausgesucht haben.«

Hohe Wellen schlagen in der Nacht gegen unsere Backbordseite und hindern mich am Schlafen. Ich rolle von einer Seite auf die andere, und mein Magen rebelliert.

Am Morgen komme ich zu spät zum Frühstück. Juan macht mir einen Kaffee, und ich setze mich an den Tisch und sehe duch das Bullauge immer abwechselnd mal Wasser, mal den Himmel. Mir ist so schlecht, dass ich jeden Stolz ablege und beschließe, den Kapitän um ein paar Pillen gegen Seekrankheit zu bitten.

Man sollte meinen, diese riesigen Frachter wären stabile Schiffe, aber entsprechender Seegang mit langer Dünung lässt sie schaukeln wie Fischerboote.

Auf der Brücke treffe ich den Ersten Offizier, der mich anschaut, grinst und deklamiert: »Niemand kann das Meer zähmen. Die vier Elemente sind mächtiger als der Mensch, und wir müssen uns ihnen unterordnen, denn nur die Natur ist perfekt in ihrem Wandel!«
Ein großartiger Monolog. Aber ich fühle mich trotzdem zum Kotzen. Der Erste Offizier gibt mir zwei Pillen.

Ich muss an die Arbeit gehen. Heute brauche ich die Sicherheitsgurte tatsächlich, um nicht von meinen Containern zu rutschen, die von den Wellen geohrfeigt werden.

Wir haben die Hälfte des Pazifik überquert. Am Horizont erkennen wir einen Frachter: das erste andere Schiff seit elf Tagen.

Nach der Arbeit taumele ich in die Küche, um meine Wettschuld einzulösen: Ich muss das Mittagessen kochen. Juan erwartet mich in der Tür. Er kaut auf einem Zahnstocher herum.

»Nun, was willst du uns zubereiten?«
Ich hatte darüber bisher noch nicht nachgedacht und sage spontan, was mir in den Sinn kommt:
»Fischsuppe.«
Juan grinst: »Ein ehrgeiziges und aufwendiges Gericht.«
Er hat völlig recht, und ich bedauere jetzt schon, dass ich mir nichts etwas Einfacheres ausgesucht habe. Aber irgendwie muss der Seegang meine Wahl beeinflusst haben.

Im Kühlraum, der dreimal so groß ist wie meine Kajüte, finden wir Garnelen, Miesmuscheln, Seelachs und einen schönen Kabeljau. Natürlich alles tiefgefroren. Das Auftauen dauert natürlich.

Ich wasche den Fisch, nehme ihn aus, zerlege ihn in Stücke, während Juan die anderen Zutaten vorbereitet: Zwiebeln, Knoblauch, Tomaten, Petersilie. Es gibt keinen Lorbeer.

Während der Sud auf dem Herd vor sich hinköchelt, kommen die beiden Thailänder, die im Maschinenraum arbeiten, mit ihren gelben Schutzhelmen in die Küche und schnuppern neugierig. So verbreitet sich die Nachricht von der Fischsuppe. Immer mehr Crewmitglieder schauen bei uns vorbei. Für eine Mannschaft, die 300 Tage im Jahr auf dem Schiff eingeschlossen ist, gibt es selten eine Abwechslung: Ein Aushilfs-Schiffsjunge, der Fischsuppe kocht, ist eine.

Am Mittag sitzt die komplette Crew im Speiseraum. Ich habe Brot zur Suppe geröstet. Wie immer wird kaum geredet. Nur Schlurf- und Schmatzgeräusche unterbrechen das Schweigen.

Aber meine Kollegen scheinen die Mahlzeit genossen zu haben. Denn als sie aufstehen, laden mich die Asiaten für den Abend ausdrücklich in den Fernsehraum ein: Es gibt »Emanuelle II«.

Am zwölften Tag der Seereise werde ich vor Kopfschmerzen wach, und in meiner Kajüte stinkt es nach Dieselöl. Ich benachrichtige sofort ein Mitglied der Besatzung. Aber Kim beruhigt mich. Es handelt sich nicht um einen Unfall: Wenn der Wind aus einer bestimmten Richtung weht, dringt Rauch aus dem Schiffsschornstein in die Klimaanlage.

Ich stelle zum 14. Mal in 60 Tagen meine Uhr vor und bereite mich auf meine Arbeit vor, darauf hoffend, dass die frische Luft an Deck meine Kopfschmerzen vertreiben wird.

Zwei Meilen vor Steuerbord saust ein Segelschiff gefährlich schnell auf uns zu. Kapitän Leander lässt unser Schiffshorn ertönen und schüttelt den Kopf: »Das ist die freie Seefahrt: Jeder reiche Amerikaner kann sich ein Schiff kaufen, ohne das Geringste von der Navigation zu verstehen, und damit die Ozeane unsicher machen.«

Es hat seit etlichen Tagen keinen Tropfen Regen gegeben, und mein Obst und Gemüse sind in Gefahr. Ich verbringe praktisch den ganzen Tag damit, meine Container zu wässern.

Am nächsten Morgen sind meine Kopfschmerzen noch immer da. Ich habe keinen Hunger, und statt in den Frühstücksraum hinunterzugehen, steige ich gleich an Deck. Ein Sturm zieht auf. Wir haben Windstärke acht aus West-Nord-West, und das Meer ist voller weißer Schaumkronen. Aber noch regnet es nicht. Es weht so stark, dass ich nicht einmal meine Augen offen halten kann. Ich flüchte auf die Kommandobrücke. »Scheißwetter«, murre ich. »Ja«, antwortet der Erste Offizier, »aber dieses Scheißwetter treibt uns genau in die richtige Richtung und schenkt uns fast zwei Seemeilen pro Stunde.«

Ich trinke Tee mit der Crew. Matahary, der »Blitz in Turnschuhen«, bietet mir einen von seinen Schokoladenkeksen an und meint: »Statt in Los Angeles auszusteigen, solltest du lieber mit uns runter zum Panamakanal kommen. Du wirst nie wieder ein Schiff sehen, das über einen Berg steigt.« In der Tat wäre es aufregend zu sehen, wie die »Sea Crew« 200 Meter angehoben wird, um vom Pazifischen Ozean ins Karibische Meer zu gelangen. Aber ich will meinen Zeitplan einhalten.

Also erkläre ich den anderen mein Projekt. Auch die beiden Mexikaner hören zu. Sie werden in Los Angeles von Bord gehen, um sich zwei Monate lang auszuruhen. Juan lädt mich spontan ein, ein paar Tage in seinem Haus zu verbringen. Was für ein Glück!

In dieser Nacht wird das Finale der Fußball-WM ausgetragen. Frankreich–Brasilien. Die Filipinos erklären mir, dass es unmöglich ist, das Spiel im Fernsehen zu sehen. Aber vielleicht können wir eine Liveübertragung im Radio empfangen.

Es klappt nicht. Ich gehe schlafen und denke daran, dass ich das Endspiel Italien–Brasilien 1994 in einer Priestermission in Äthiopien geguckt habe.

Ich erwache noch vor Sonnenaufgang, finde in der Kombüse eine Zigarette und steige an Deck, um rauchend den Sonnenaufgang anzuschauen. Es gelingt mir, dabei an gar nichts zu denken. Ich höre einfach auf den Wind, der den Geruch und Geschmack von Salz zu mir trägt.

Kurz darauf stehe ich wieder mit dem Schlauch auf den Containern: Ich habe inzwischen Schwielen an den Händen. Heute ist es so stürmisch, dass es mir nicht gelingt, den Strahl gerade zu halten. Matahary bemerkt, dass aus einem der Container ein Geruch nach Verfaultem aufsteigt. Wir verbringen den ganzen Nachmittag damit, unser Gemüse zu bewässern. Diese Arbeit auf der Plattform eines Frachters mitten im Ozean ist doch weniger amüsant, als ich gedacht hatte. Die Sonne sticht, der Wind verwirrt die Sinne, und durch das ewige Schaukeln wird mir immer noch schlecht.

Morgen dürften wir in Amerika ankommen. Ich klammere mich an den Satz von Fogg aus Jules Vernes Weltreise: »Den schwierigsten Teil haben wir hinter uns, nach China und dem Pazifik kehren wir in die so genannten zivilisierten Länder zurück.« Ich habe kaum mehr als einen Monat Zeit, um ohne Geld und ohne Gepäck Nordamerika zu durchreisen und den Atlantik zu überqueren. Mir wird ein wenig mulmig zu Mute.

Auf dem Schiff hingegen verbreitet sich plötzlich eine positive Stimmung: Alle sind gut drauf, weil der Kapitän angekündigt hat, dass wir in wenigen Stunden San Francisco passieren werden.

Heute ist der schönste Tag der ganzen Überfahrt: Das Meer ist ruhig, die Sonne scheint, eine leichte Brise kühlt uns ab. Während wir durch den Santa-Barbara-Kanal fahren, machen mich meine Kollegen auf die Zeichen aufmerksam, die das nahe Land ankündigen: Wir sehen Schwärme von Pelikanen und Kormoranen. Dicke Möwen setzen sich auf unsere Container. Delphine springen um uns herum. Durch ein Fernglas kann ich sogar den Buckel eines Wales erkennen, des Einzigen, den ich während meiner gesamten Reise zu sehen bekomme. Diese Zone ist Naturschutzgebiet. Hier birst das Meer vor Leben.

Nach dem Sonnenuntergang umhüllen uns die Sterne. Die glatte Wasseroberfläche spiegelt sie wieder.

Am nächsten Morgen schwimmen die ersten Plastiktüten und Cola-Dosen im Meer. Vor uns zeigt sich eine dicke Smogwolke. Willkommen in Amerika.

Alle machen sich bereit zum Anlegen: Norweger und Mexikaner sind auf der Kommandobrücke, die Filipinos und Thailänder warten an Backbord, und ich stehe am Bug und schaue den anderen bei der Arbeit zu, bis die Amerikaner im Hafen uns zurufen, die Leinen auszuwerfen. Am späten Vormittag hat die »Sea Crew« nach einem perfekten Manöver im Handelshafen von Los Angeles, Kalifornien, angelegt.

Die Crew stellt sich in einer Reihe auf und verabschiedet die beiden Mexikaner und auch mich mit rauhen Schulterschlägen. Kapitän Leander gibt mir einen kräftigen Handschlag: »Wir alle sind Reisende, ob auf dem Land oder auf dem Meer, immer auf der Suche nach dem richtigen Kurs. Denke stets daran, nicht nur die Bordgeräte zu überprüfen, sondern auch auf deine Sinne zu hören.« Ich glaube nicht, dass ich der Erste bin, der diese Worte zu hören bekommt.

Am Kai erwartet uns ein Auto, das uns zum Zoll bringt. Juan wird im Zollbüro ohne weitere Fragen durchgelassen. Mir allerdings verstellen zwei riesige amerikanische Polizisten den Weg.

Los Angeles

Mein Gespräch mit der amerikanischen Hafenpolizei beginnt mit den üblichen Fragen: »Warum kommen Sie in die Vereinigten Staaten? Was sind Sie von Beruf? Warum sind Sie auf einem Frachter gereist? Wo wollen Sie hin? …«
Alles läuft glatt, bis zu der Frage:
»Wie viel Geld haben Sie dabei?«
»300 Dollar«.
»Welche Kreditkarten?«
»Keine.«
»Wie lange werden Sie in den USA bleiben?«
»Etwa einen Monat.«
»Zeigen Sie Ihr Rückreiseticket vor!«
»Ich habe keines. Ich habe nur ein Fax von einer Reederei.«
»Zeigen Sie ihr Gepäck!«
»Ich habe keines.«

An diesem Punkt werde ich ins Nebenzimmer befördert, in dem es zwei Bänke und einen Tisch gibt. Der Polizist fordert mich auf, hier zu warten.

Aus dem Zimmer nebenan dringen Geräusche, die mir nicht gerade Mut machen. Ich höre Geschrei. Das Weinen einer Frau. Mir wird mulmig. Ich habe grässliche Geschichten darüber gehört, wie amerikanische Polizisten unerwünschte Einwanderer behandeln. Im Nebenzimmer wird noch immer gebrüllt und geheult. Ich meine sogar, das Klatschen von Ohrfeigen zu vernehmen. Was dort gesprochen wird, kann ich nicht verstehen. Es vergeht eine halbe Stunde, während der ich nervös im Zimmer auf und ab gehe.

Plötzlich wird die Tür aufgerissen. Vier Polizisten, die ich vorher noch nicht gesehen habe, betreten den Raum. Ich muss mich setzen und mich einem Kreuzverhör stellen, das nicht nur meine Reise, sondern mein ganzes Vorleben betrifft.

Ein großer Blonder ist besonders unangenehm: Offensichtlich ist es sein Job, den bösen Polizisten zu mimen. Er löchert mich mit Fragen und kommt mit seinem Gesicht so nah an meines, dass ich fürchten muss, er wolle mir in die Nase beißen. Ein magerer Farbiger steht in der Ecke und lässt mich nicht eine Sekunde lang aus den Augen. Er mischt sich nur selten

ein und stellt dann Detailfragen, die mir wenig relevant vorkommen. Vielleicht ist er ein Psychologe.
Ein kleiner Rothaariger spielt mit einem Knüppel und schweigt. Der vierte Polizist, der wie ein Indianer aussieht, führt das Protokoll.

Ich scheine ein harter Fall zu sein: Die Polizisten können mich irgendwie nicht einordnen. Ich habe kein Gesetz gebrochen, denn ich besitze die vorgeschriebenen 300 Dollar, und es ist ja nicht verboten, ohne Koffer zu reisen. Trotzdem habe ich den Eindruck, als suchten die vier unbedingt einen Vorwand, um mich einzulochen.
»Und wie wollen Sie mit 300 Dollar durch Amerika reisen, ohne das Delikt des Vagabundierens zu begehen?«
»Ich werde die Menschen, denen ich begegne, von meinem Projekt überzeugen, und sie werden meine Freunde werden.«
»Und woher wollen Sie das Geld für die Heimreise nehmen?«
»Ich arbeite auf einem Frachtschiff und bekomme die Überfahrt deshalb gratis.«
Als die Spannung auf dem Höhepunkt ist und ich mein Hemd durchgeschwitzt habe, sehe ich, dass der Rothaarige die Artikel aus meiner Pressemappe liest. Versteht er etwa Italienisch?
Ja!
Denn plötzlich steht er vor mir, lächelt mich an und sagt in meiner Muttersprache zu mir:
»Okay Matteo, ich hab verstanden, alles in Ordnung.«
Dann beruhigt er seine Kollegen und erklärt ihnen, dass es sich bei meiner Reise um einen Rekordversuch handelt, der von der Presse beobachtet wird. Der Kraft der Medien sei Dank! Die Polizisten schütteln mir die Hand und wünschen mir eine gute Reise. Auch wenn der große Blonde mich noch immer misstrauisch beäugt.

Am Ausgang wartet Juan auf mich, der mich zu einer Bushaltestelle bringt. In der Warteschlange stehen außer uns eine afrikanische Mutter mit fünf Kindern, ein Indianer mit langen Zöpfen, ein übergewichtiger weißer Amerikaner, der einen Hamburger isst und Cola trinkt, und eine kleine Nonne in Schwesterntracht.

Das Busticket muss direkt beim Fahrer gelöst werden. Hier ist Schwarzfahren unmöglich. Juan zahlt für mich mit, und dann setzen wir uns in die letzte Reihe und überqueren einige der 40 000 Straßenkreuzungen von Los Angeles, bis wir nach etwa einer Stunde das Viertel Santa Ana am südlichen Stadtrand erreichen und aussteigen. Wir gehen durch

Straßen, in denen schlichte Häuschen in Reih und Glied stehen, die alle völlig identisch aussehen. Mich erinnert das Ganze an eine Wohnsiedlung in einem sozialistischen Land.

»Home, sweet home«, sagt Juan plötzlich und zeigt auf einen Garten. Zwei Mädchen, die darin spielten, laufen auf ihn zu und fallen ihm in die Arme. Juan stellt mir Catalina und Melissa vor, zehn und zwölf Jahre alt. Beide sind offensichtlich glücklich, ihren Papa nach sechs Monaten wieder zu sehen, aber gleich nach der Begrüßung beginnen beide zu weinen, und ich spüre, dass hier irgendetwas nicht in Ordnung ist. Aus dem Haus tritt eine blasse Frau mit wirrem platinblondem Haar. Sie umarmt Juan, als würde sie diese Geste eine große Anstrengung kosten und sagt nur: »Willkommen daheim, Seemann.«

Juan erklärt seiner Frau Shannon, wer ich bin, und fragt dann, ob alle damit einverstanden sind, dass ich ein paar Tage bleibe. Die Mädchen strahlen. Shannon sagt erst mal nichts und nickt dann, offenbar wenig begeistert.
Sie zeigt mir ein Sofa, das zwischen Kühlschrank und Waschmaschine steht, und sagt mir, dass ich darauf übernachten kann.

Juan stellt sich gleich an den Herd und kocht ein mexikanisches Abendessen, das so scharf ist, dass ich überhaupt nichts mehr schmecke. Um den Durst zu löschen, gibt es eine Mischung aus Bier und Tequila.

Während er sich eine kubanische Montecristo-Zigarre anzündet, erzählt Juan von unserer Seereise, aber Shannon hört nicht zu. Sie steht plötzlich auf, ein Glas Tequila in der Hand, und taumelt aus dem Zimmer.

Als ich versuche, auf dem Sofa einzuschlafen, höre ich, dass die beiden Eheleute im Schlafzimmer heftig miteinander streiten.

Am nächsten Tag ruhe ich mich aus. Juans Haus ist bescheiden und unordentlich, aber es gibt eine Badewanne, und das ist ein Luxus, von dem ich zwei Monate lang nur träumen konnte. Ich lasse mir ein heißes Schaumbad ein, tauche unter und wasche mich mit allen Produkten, die in Shannons Badezimmer stehen. Ich probiere sogar ihre Enthaarungscreme aus.
Am Abend biete ich mich als Babysitter an. Juan und Shannon gehen aus, Hand in Hand.

Am nächsten Morgen fühle ich mich fit genug, um die Stadt zu entde-

cken. Ich gehe durch leere, leblose Straßen, umgeben von tristen Wohnblöcken aus Zement. Der heiße Asphalt riecht nach verbranntem Gummi von Autoreifen. Endlich treffe ich einen Fußgänger. Er ist ein alter Mann, der aussieht wie ein türkischer Einwanderer. Ich frage ihn, wo es ins Stadtzentrum von Los Angeles geht. Er schaut mich erstaunt an und sagt dann:
»Hau lieber ab hier, Mann, hier ist es gefährlich.«

Kurz darauf sehe ich zwei Mexikaner, die aus einem kleinen chinesischen Lebensmittelladen herauslaufen. Der betagte Besitzer rennt hinterher. Er schreit und weint.

Offenbar bin ich gerade Zeuge eines Raubüberfalls geworden. Eine Minute später ist auch die Polizei da. Zwei Polizisten mit Berettas am Gürtel vernehmen mich tatsächlich als Augenzeugen. Danach fahren sie mich in ihrem Polizeiauto mit Klimaanlage zurück zu Juan. Ich komme mir vor wie in einem Fernsehkrimi.

Zu Hause sitzt Shannon weinend am Küchentisch. Vor ihr steht eine leere Flasche Tequila. Sie schaut mich an. Ich sage »Hi« und versuche zu lächeln.
Sie antwortet: »Fuck you!« und umschließt die Flasche so fest, dass die Haut unter ihren langen Fingernägeln weiß wird.
Auf dem Küchenboden hockt Melissa mit rot geweinten Augen. An ihren mageren Handgelenken kann ich blaue Flecken erkennen.

Ich mache dem Mädchen ein Zeichen, dass es aus der Küche gehen soll. Dann setze ich mich vor Shannon und versuche, mit ihr zu reden. Sie ist offensichtlich betrunken, beschimpft mich hysterisch schreiend und wirft ihr Glas gegen die Kühlschranktür. Es zerspringt in tausend Stücke.

Es ist Zeit, hier zu verschwinden. Ich schreibe einen kurzen Dankesbrief an Juan, den ich Melissa anvertraue. Dann nehme ich mir ein wenig Obst aus der Schale, die auf dem Tisch steht, und eine Tüte Chips aus dem Küchenschrank und verlasse das Haus.

Per Anhalter erreiche ich Venice Beach. Ich wollte dort hin, weil ich gelesen habe, dass hier in den 60er Jahren die Hippiebewegung entstanden war. Heute ist diese Zone zwischen Malibu und Santa Monica die Welthauptstadt der Exzentriker. Hier sieht niemand unauffällig aus. Auf den Strassen der »Bay Area« laufen die erstaunlichsten Gestalten herum. Eine siebzigjähige Frau trägt ein rosarotes Ballerinakleid mit Pailletten, ein Kubaner tanzt Salsa mit einer Gummipuppe, und die Jugendlichen sehen aus wie »Barbie« und »Ken«.

Am Strand wird vor allem der Körper trainiert. Niemand liegt einfach nur so in der Sonne. Alle treiben Sport, die meisten surfen, manche joggen, und wer weder das eine noch das andere macht, der beteiligt sich wenigstens an einem Wettbewerb im Sandburgenbauen.

Als ich mich in die Wellen stürzen will, pfeift mir eine atemberaubende Blondine im roten Badeanzug hinterher. Sie macht mir ein Zeichen, zu ihr zu kommen.
Whow, denke ich, diese Amerikanerinnen gehen aber ran! Ich strecke die Brust raus, ziehe meinen Bauch ein und merke erst, als ich vor ihr stehe: Die Blondine ist eine Rettungsschwimmerin! Sie sieht genauso aus wie Pamela Anderson in »Bay Watch«. Und sie meckert mich an, weil ich an einer Stelle baden wollte, an der es gefährlichen Treibsand gibt.

Ich betrachte den Strand. Alle 300 Meter steht ein Turm, von dem aus der Badebetrieb beaufsichtigt wird. Ich beschließe, dass ich den Rest des Nachmittags damit verbringen werde, mich von sexy Rettungsschwimmerinnen zurückpfeifen zu lassen.

Am Abend gelingt es mir, einen »Bay Watcher« dazu zu überreden, dass er mich in seinem blauen Kontrollturm übernachten lässt. Ich darf auf einer weichen Matratze schlafen und fühle mich in dieser Holzhütte mit Fensterfront auf den Pazifik wie der Besitzer einer Megavilla am Meer. Ich schaue mir den Sonnenuntergang an, esse die Chips aus Juans Küche und denke an meine Freundin Camilla.

Ich glaube, dass es in Beziehungen nicht so sehr darauf ankommt, wie viel Zeit man zusammen verbringt, sondern wie intensiv die Momente des Zusammmenseins sind. Camilla ist bei mir, auch wenn wir voneinander getrennt sind, genauso wie ich meine Eltern, meine Geschwister, meine Freunde in mir trage.
Ich schaue aufs Meer und hoffe, dass die Wellen ihnen allen meine Grüße überbringen.

Am nächsten Morgen treffe ich auf fünf junge Leute, die im Schatten einer Palme auf ihren ausgeleierten Rucksäcken sitzen und Musik von Händel hören. Sie laden mich ein, mich zu ihnen zu gesellen, und so erfahre ich, dass jeder von ihnen aus einem anderen Land kommt und dass die Gruppe seit zwei Jahren um die Welt reist. Zwischen zwei Rucksäcken schläft ein Kleinkind. »Das ist mein Sohn Soul. Er ist drei«, sagt eine der beiden Frauen, die Johana heißt. »Er ist an alle Sprachen gewöhnt. Er ist ein Nomade, auch wenn er das noch nicht weiß.« Während Johana sich mit ihrer Freundin Ann um das Kind kümmert, sind die drei Männer Internetexperten. »Wir arbeiten auf den Autobahnen der Kommunikation«, sagt Mike, der eine Mütze mit der Aufschrift »Vorsicht, Ufos!« trägt. Er erklärt mir, dass seine Freunde und er in jeder Stadt, in die sie kommen, schnell Arbeit in irgendeinem Büro finden, für das sie Internetseiten kreieren.

»Wir sind die Pioniere der Mobilität, moderne Nomaden«, erklärt Mike und holt aus seinem alten Rucksack das jüngste Modell eines tragbaren Computers hervor, um mir eine CD-ROM vorzuführen, die er erstellt hat. Darauf stellt er die Möglichkeiten vor, weltweit zeitlich befristete Jobs im Informatikbereich zu bekommen. »Die Weltwirtschaft hat sich radikal geändert, sichere Massenarbeitsplätze werden immer seltener. So sind wir Nomaden geworden. Aber im Gegensatz zu den traditionellen Nomadenstämmen, die in sich geschlossene Gesellschaften sind, wollen wir uns öffnen. Wir denken global, wir wollen im Einklang mit der Natur, mit den Tieren, mit den Menschen leben.«

Die Gruppe beschließt, zum Luna Park von Santa Barbara weiterzuziehen, und säubert den Platz unter der Palme akkurat von Zigarettenkippen und Cola-Dosen.
Ich bin der Einzige ohne Gepäck und trage deshalb cool den Stereorecorder auf meinen Schultern. Zu den Klängen von Bob Marleys »Don't impress, express!« marschieren wir los.

Die Gruppe trägt Klamotten in psychedelischen Farben, und alle haben gelb-violette Sonnenbrillen auf. Steve erklärt, dass die gelben Linsen jedes Licht verstärken und durch die violetten die Welt immer so aussieht wie bei Sonnenuntergang. »Durch diese Brillen bekommt man einen Abstand zur Gesellschaft und erkennt die Reflexe der Natur besser.«

Wir verbringen die Nacht auf einem Anleger am Bootshafen Marina del Rey. Am Morgen verabschiede ich mich von den »modernen Nomaden«. »Stay on the road«, sagt Dan, der älteste aus der Gruppe, »probier alles aus und bewege dich langsam.« Die drei Männer, zwei Frauen und das Kind gehen in der Tat sehr langsam in Richtung Bahnhof: Sie wollen nach San Francisco.

Ich hingegen muss gen Osten weiter. Ich bleibe noch ein paar Tage am Strand von Malibu, wo alle Leute aussehen wie potenzielle Schauspieler. In der Tat wird hier aber auch ständig irgendetwas gedreht: Ich schaue in Mailbu bei Dreharbeiten zu »Beverly Hills« und in Venice Beach bei »Melrose Place« zu. Und kann sogar »Brandon« erkennen. Diese jungen Schauspieler, voller Make-up und hypergestylt, sind die Vorbilder für Kids in aller Welt.

Ich hingegen trage seit zwei Monaten die gleichen Klamotten und wechsle gelegentlich meine langen Hosen gegen ein paar olivgrüne Baumwollbermudas, die mir jemand in China geschenkt hat. Während alle um mich herum auf ihren Look bedacht sind, kann ich meinen nur ändern, indem ich mir einen Bart stehen lasse oder mich rasiere. Manchmal, wenn ich mich beschnuppere, steigt mir der typische Geruch eines Vagabunden in die Nase. Das macht mir nicht mehr viel aus. Aber so halbwegs anständig muss ich schon aussehen, um weiterhin Leute um Hilfe bitten zu können, ohne dass alle gleich die Nase rümpfen. Deshalb wasche ich mir jeden Morgen mein Haar mit Shampoo im Meer, und danach gehe ich in Drogerien und besprühe mich mit Test-Deos.

Dank meiner neuen Freundschaft zu Giuseppe, einem Italiener aus Kalabrien, könnte ich es hier gut noch länger aushalten. Er hat einen »Fish-and-Chips- und Pizza-Shop«. Ich warte immer bis Mitternacht. Dann schließt er seinen Laden und schenkt mir seine unverkauften Reste.

Aber tagsüber am Strand rumzuhängen und abends Pizzareste zu erbetteln war nicht der Sinn meiner Reise. Ich brauche einen neuen Gefährten. Und treffe auf Khaled. Er ist Tunesier und lebt seit vier Jahren in Kalifornien. Er hat sich die Green Card ergattert, indem er eine 22 Jahre ältere Amerikanerin geheiratet hat. Inzwischen ist er wieder von ihr geschieden und verkauft an einem Stand Haschisch-Pfeifen. »Solange du nicht die Droge, sondern nur das Zubehör verkaufst, begehst du keinen Rechtsbruch«, versichert er mir. Ich helfe ihm zwei Tage lang, seine Pfeifen an Jugendliche und Althippies zu verscherbeln. Dafür kauft mir Khaled Brötchen und Coca-Cola. Die ist in den USA billiger als Wasser.

»Ich bin ein ›people watcher‹. Ich beobachte Menschen. Das kostet nichts, es ist unterhaltsam, und man lernt eine Menge«, sagt Khaled. Ansonsten verbringt er seine Zeit mit dem Rezitieren von Koran-Versen, während er auf Kunden wartet.

Nach zwei Tagen verabschiede ich mich auch von ihm, um weitere Menschen kennen zu lernen. Das ist hier in Los Angeles kinderleicht. Allerdings sinkt das Niveau meiner neuen Bekannten immer tiefer.

In einem Park treffe ich Max, einen Vagabunden, der seit zehn Jahren auf der Straße lebt. Tiefe Falten durchfurchen sein Gesicht. Sein blau-rot gestreiftes T-Shirt ist so verschlissen, dass es aussieht, als könnte es jederzeit von ihm abfallen. Aber seine großen grünen Augen strahlen Lebensfreude aus. In einer Plastiktüte führt Max Seife, eine Zahnbürste, ein Handtuch und seinen Ausweis mit sich.

»Ich bin genau wie du«, stellt er fest, als wir uns kennen lernen. »Auch ich bin ohne Geld und ohne Gepäck unterwegs. Meinst du, ich könnte auch ins Guinnessbuch der Rekorde kommen?«

Ich bleibe ihm die Antwort schuldig. Max schließt mich trotzdem ins Herz. »So richtig arm ist man erst, wenn man sich unnütz fühlt. Deshalb werde ich dir jetzt ein paar Überlebenstricks beibringen«, verspricht mir mein neuer Freund und grinst: »Dafür musst du mich aber Robin Hood nennen.«

Max führt mich durch sein Stadtviertel. Er hinkt, weil er eine nicht behandelte Warze unter dem Fuß hat, und gibt zu: »Das Einzige, was mich am Leben hält, ist meine Neugier.« In den Vereinigten Staaten, so versichert er mir, müsse niemand verhungern. »Solange du nicht an den Suff gerätst oder drogensüchtig wirst, kommst du hier immer zurecht«, sagt Max.

Er bringt mich in einen Supermarkt, in dem alle Herrlichkeiten dieser Welt angeboten werden. »Bedien dich!« fordert Max mich auf. »Solange du die Waren nicht rausträgst, sondern gleich hier im Supermarkt verzehrst, können sie dich nicht verhaften, sondern nur anschreien und davonjagen. Ich weiß das aus Erfahrung.« Max schmunzelt und bietet mir eine Banane an. Wir bedienen uns am Obststand, bis Max mich in Richtung Ausgang winkt.

Draußen führt mich Max zum Hintereingang eines Lebensmittelgeschäftes. »Hier mache ich meinen Wocheneinkauf«, verkündet er und zwinkert mir zu. Er grüßt den Wächter an der Tür, und der lässt uns ganz selbstverständlich eintreten. Wir steigen in einen dunklen Keller hinab, in dem die Lebensmittel aufbewahrt werden, deren Verfallsdatum überschritten ist. Max bedient sich routiniert, und nachdem ich eine Plastiktüte gefunden habe, nehme auch ich einige Vorräte mit: Hartes Brot, muffige Kekse, leicht angeschimmelten Käse.

Ich verbringe zwei sorglose Tage mit Max, dann bekomme ich Angst, dass ich mich von seinem Vagabundenleben anstecken lasse. Es ist an der Zeit, dass sich unsere Wege trennen. Es ist Zeit, den Weg an die Ostküste einzuschlagen.

Auf den Straßen zwischen Beverly Hills und Rodeo Drive schlendere ich an den Schaufenstern von Designergeschäften vorbei, auf einem Hügel bei Hollywood spaziere ich zwischen Villen von VIPs umher: Madonna und Nicolas Cage sollen hier wohnen.

Auf dem Bürgersteig einer leblosen Straße begegne ich einem kleinen, schmutzig weißen Mischlingshund, der etwa sechs Monate alt sein dürfte. Er trägt ein Halsband mit einer Plakette. Aber es steht nur ein Name darauf, keine Telefonnummer oder Adresse. Das Tier heißt »Ishi«, was mich wundert, denn das bedeutet »Ja« auf Äthiopisch.

Ich setze mich unter eine Palme, um ein wenig auszuruhen, und Ishi schaut mich mit seinen lebhaften braunen Augen an, wedelt mit dem Schwanz und kuschelt sich an: Wir haben wohl beide ein paar Streicheleinheiten nötig. Ich teile meine letzten Vorräte aus Max' Geheimkeller mit dem Welpen. Es ist heiß, und auf der Straße gibt es außer mir nicht einen einzigen Fußgänger. Dafür rollen noble Limousinen mit verdunkelten Scheiben und Klimaanlage lautlos an uns vorbei. Während Ishi alle vier Pfoten von sich streckt und schläft, schreibe ich mein nächstes Ziel auf ein Stück Pappe: Arizona.

Ich gehe bis zum Highway Nummer 10, der nach Phoenix führt. Ishi läuft mir nach. Mir ist das recht: Wer weiß, vielleicht habe ich mit dem niedlichen Hündchen an meiner Seite sogar mehr Glück als Anhalter.

Falsch gedacht: Drei Stunden später stehen wir immer noch an der Highway-Kreuzung. Die Sonne sinkt, und ich rede auf Ishi ein, der seine Ohren hängen lässt und auf meinem Schoß einschlummert.

In Sedona mit dem Landstreicher Tom (links) und dem Indianer Doddy.

In New Orleans mit Sam, dem homosexuellen Cop.

Nachdenklichkeit in Venice Beach.

Flagstaff: Warten auf einen Zug, mit dem ich mitkomme.

Schufterei in Savannah für eine Übernachtung.

Route 66

Ein alter brauner Chevrolet aus den 70er Jahren hält vor uns an. Am Steuer sitzt ein junger Typ mit Cowboyhut und nacktem Oberkörper. Er grinst mich an. Ihm fehlen diverse Vorderzähne. Ich steige ein. Ishi springt hinterher.

Buddy fährt barfuß, und dabei raucht er Zigarre. Zwischen seinen Oberschenkeln steckt eine angebrochene Flasche Rum. Aus seiner Stereoanlage ertönt die Band »Massive Attack«.

Buddy erklärt mir, dass er von Zinsen lebt. »Ich bin Einzelkind. Ich habe alles zu Geld gemacht, was meine Eltern mir vererbt haben, und jetzt lebe ich von den Zinsen: Ich hab' 1000 Dollar im Monat.«

Buddy nimmt einen kräftigen Schluck aus der Rumflasche. Dann fährt er fort: »Ich bin immer unterwegs. Ich brauch' das wie die Luft zum Atmen. Ich war noch ganz klein, als meine Elterm gestorben sind, und meine Großeltern haben mich immer in meinem Zimmer eingesperrt. Ich hab' gedacht, ich werd' verrückt, ich hab' richtig Halluzinationen bekommen. Dann wurde ich siebzehn und bekam mein erstes Auto. Ich bin eingestiegen und losgefahren. Seitdem hat mich kein Verwandter je wieder gesehen.«

Während Ishi auf der Rückbank schläft, wechsle ich mich mit Buddy beim Fahren ab. Der Highway in Richtung Arizona verläuft schnurgerade. Im Morgengrauen erheben sich die ersten Hügel aus dem flachen Land, und auf den Feldern stehen Wohnwagen von Indianern. Ich kann Falken am Himmel erkennen.
Ohne anzuhalten, fahren wir an den ultramodernen Wolkenkratzern und Fabriken von Phoenix vorbei und durchqueren die Waldungen des Coconino-Nationalparks. Angekündigt von imposanten feuerroten Felsen, die aufeinander folgen und immer größer werden, liegt schließlich die Stadt Sedona vor uns.

Sedona ist ein Urlaubsort für reiche Rentner und Hauptstadt der »New-Age-Bewegung«. Die Stadt ist in mexikanischer Architektur erbaut. Es gibt Plätze, Arkaden, Brunnen, Skulpturen, runde Wohngebäude, allesamt in warmen Erdfarben.

Die Läden im Zentrum sind in Schockfarben gestrichen oder mit naiven Graffiti bemalt und bieten jede Art von Seelenmassage feil. Drinnen wird man von leiser Musik besäuselt: rhythmisch wie Rumba, aber mit Streicher-Einlagen, die Meeresrauschen oder Windböen imitieren. »Fahrstuhlmusik«, sagt Buddy verächtlich. Er breitet die Arme aus und tänzelt durch den Laden, als stünde er unter Drogen. Niemand nimmt von ihm Notiz.

Im Informationsbüro der Stadt frage ich den schon etwas betagten Angestellten namens Carl, was es mit New Age auf sich hat. »Wir leben in einer Zeit ohne gemeinsame Ideologien, in einer Ära voller Kirchen, aber ohne Gott. Keiner glaubt mehr an das Paradies. Deshalb suchen immer mehr Menschen in der westlichen Welt individuelle spirituelle Erfahrungen«, sagt Carl und überhäuft mich mit Traktätchen von Gurus, Wahrsagern, und nennt mir Orte, an denen man »positive Wellen« spüren kann.

Ich studiere die Buchtitel in den Geschäften von Sedona. Hier wird alles versprochen: Von der »Rückkehr zur Jugend« bis »So wachsen Ihnen Flügel«.
Der große New-Age-Guru ist der Inder Maharishi Mahesh Yogi, der in den USA residiert und ein Drei-Milliarden-Dollar-Imperium verwalten soll, während seine Anhänger in Wohnwagen leben.

In Sedona scheint es nur New-Age-Jünger zu geben: Damen lesen Blätter oder drehen Kristallkugeln, Rentner schwören auf den Dalai Lama oder indische Heilige.

Mit Buddy suche ich nach einem Restaurant mit erschwinglichen Preisen. Unmöglich zu finden. Jedes Gericht hier heißt nach irgendwelchen Kräutern und ist unglaublich teuer. In einem kleinen Lebensmittelgeschäft kauft Buddy schließlich etwas Räucherfleisch und eingelegte Äpfel. Ich lasse im Namen der Brüderlichkeit unter New-Age-Jüngern ein Paket Kekse für Ishi mitgehen.

Während wir aus dem Laden treten, hält ein Bus und entlässt seine menschliche Ladung aus dem klimagekühlten Inneren in die Hitze: dicke Menschen, die alle die gleichen himmelblauen Hüte tragen, schwer atmen und sich auf die Läden und Coffee Shops des Städtchens verteilen. Die Frauen taumeln unter dem Gewicht ihrer dicken Goldringe und Halsketten in Kreuzform, die wahrscheinlich positive Wellen verbreiten, während ihre gleichgültigen Ehemänner ihnen die Handtaschen hinterhertragen und resigniert ihre Brieftaschen öffnen, um Harmonie zu kaufen.

Buddy überquert den Platz mit seinem elastischen Schritt und hüpft dabei mit einem seligen Lächeln auf den Lippen in die Luft, als hätte er einen Walkman auf. »Ich werde von postiven Wellen getragen«, frotzelt er, bevor wir uns unter einen Baum setzen und uns darüber einig werden, dass New Age ein Modemix für abergläubische reiche Leute ist, die sich langweilen. Nach New Age wird wahrscheinlich Next Age kommen.

Ich schlafe schlecht in Buddys Chevrolet, in dem es nach Rum, Räucherfleisch und Ishi stinkt, und erwache mit starken Kopfschmerzen. In den Toiletten des Informationsbüros nehmen wir praktisch ein Bad im Waschbecken. Danach tankt Buddy für zehn Dollar seinen Chevy voll, kontrolliert die Reifen und sagt: »Komisch eigentlich, dass die Zeit die Haut von Menschen runzelt und die von Reifen glättet.«

Wir fahren Richtung Norden. Buddy will in Kanada eine Exfreundin suchen. Ich jedoch muss in spätestens 22 Tagen in Savannah in Georgia an der Ostküste sein, denn dann fährt dort mein Frachter ab, der mich gratis nach La Spezia in Italien bringen soll. Es ist also Zeit, mich von Buddy zu trennen.

Wir halten in Flagstaff an der Route 66. Dieser 4000 Kilometer lange Highway wurde in den 20er Jahren gebaut und führt von Chicago nach Los Angeles. Die Route 66 ist die Straße von Jack Kerouac! Auf diesem heißen Asphalt wurde vor 40 Jahren die Beat Generation geboren, die der Schriftsteller Kerouac unsterblich machte. »Beat« heißt eigentlich Vagabund, aber in Kerouacs Prosa bekommt das Wort die Bedeutung von Freiheit und Glück angesichts der schnurgeraden Linie Asphalt: Die Route 66 war Raum, Richtung, Bewegung.

Kerouacs rebellische Helden reisten, weil sie nur so die Unruhe in sich dämpfen konnten, sie nahmen Drogen, tranken Alkohol, klauten Autos, brachen alle Regeln, ohne sie ändern zu können. Aber der Traum, sich frei außerhalb gesellschaftlicher Zwänge bewegen zu können, wird wohl weltweit geträumt und bildet auch den Hintergrund meiner Reise. Deshalb wollte ich unbedingt ein Stück auf der Route 66 zurücklegen.

Buddy schleppt mich gleich in die erste Bar von Flagstaff, ein dunkles Lokal voller Motorradfahrer und Biertrinker. Die Blicke der Gäste folgen uns bis zum Tresen. Buddy bestellt ein großes Glas Dunkelbier, ich frage nach einer Schüssel Wasser für Ishi. Binnen kurzem stellen sich zwei hübsche junge Frauen zu uns. Sie tragen zerrissene Jeans, ausgefranste T-Shirts. Wir teilen unser Bier mit den fröhlichen Mädchen, die uns erzählen, dass sie Architektur an der North Arizona University studieren. Das Glas ist schnell leer, und die beiden Damen laden uns ein, mit ihnen auf eine Wald-Party zu gehen.

Binnen kurzem befinden wir uns auf der Lichtung eines Pinienhains im Herzen eines »Love In«, einer Hippie- und Raver-Party. Aus einem alten gelbschwarzen Schulbus dröhnt Musik von den »Doors« und »Prodigy«. An einem Lagerfeuer sitzt ein langhaariger, weißbärtiger Typ, der uns als »Psycho« vorgestellt wird. Er ist 70 Jahre alt und der Guru der Gruppe. »Ich bin ein Veteran der Belle Époque«, sagt Psycho. Er stillt aber nach wie vor die Bedürfnisse der jungen Hippie-Generation, indem er halluzinogene Pilze und Kaktusextrakte verteilt. Die Leute tanzen mit ausgebreiteten Armen und wenden ihre Gesichter zum Himmel.

Sky, ein Rasta aus Jamaika, streichelt Ishi. »Ich lebe für Hunde«, sagt er. »Vor einem Jahr hatte ich drei Labradore und wollte einen vierten kaufen, um eine Zucht aufzumachen, aber dann sind mir die drei eines Nachts abgehauen, um Hühner zu jagen, und am nächsten Tag haben es nur noch zwei geschafft, nach Hause zurückzukommen, wo sie elendig verendeten: Sie wurden vergiftet«, sagt Sky und drückt Ishi an sich.

Mir fällt ein, dass ich das erste Mal seit Beginn der Reise etwas Wertvolles besitze, das ich jemandem schenken kann. »Kümmere dich um Ishi. Bei dir wird er es gut haben«, sage ich. Skys dunkles Gesicht leuchtet auf, er umarmt mich, segnet mich, nimmt Ishi auf den Arm und tänzelt davon. Ich habe das Schicksal eines Hundes verändert.

Blitze erhellen die Nacht. Ein Gewitter zieht auf und scheint das Fest zu beenden. Ich suche Buddy, finde aber weder ihn noch seinen braunen Chevy. Stattdessen treffe ich die beiden Mädchen wieder, die uns auf diese Party geschleppt haben. Beide sind total high. »Dein Freund hat dich den ganzen Abend unter den Leuten hier gesucht und ist irgendwann abgefahren«, höre ich.

Die beiden bieten sich an, mich mit zurück in die Stadt zu nehmen, aber ich lehne angesichts ihres erbarmungswürdigen Zustandes dankend ab. Unterdessen sind alle anderen Besucher des Festes abgefahren. Das letzte Auto ist rappelvoll. Der Fahrer verspricht, zurückzukommen, um mich abzuholen, aber ich glaube ihm nicht. Ich bleibe allein auf der Waldlichtung zurück und beschließe, zu Fuß in die Stadt zurückzufinden. Unter Donner, Blitz und Regenströmen stiefle ich, den Autospuren folgend, durch den Wald. Es tut mir leid, dass ich mich nicht von Buddy verabschieden und ihm für seine Gastfreundschaft danken konnte. Ich komme mir einsam und verloren vor.

Triefnass erreiche ich im Morgengrauen Flagstaff. Und lege mich erst mal im Stadtpark schlafen.
Nach ein paar Stunden erwache ich noch immer müde und ausgehungert. Ich muss jemanden finden, der mir etwas zu essen spendiert! Zunächst hoffe ich, auf irgendein bekanntes Gesicht aus der letzten Nacht zu treffen. Vergeblich. Dann quatsche ich wahllos jeden an, dem ich begegne. Niemand hört mir zu. Die Leute weichen mir aus. Ich kann mich kaum noch auf den Beinen halten vor Hunger. Ich laufe mindestens zehnmal die Hauptstraße auf und ab. Wie ist es möglich, dass ich in einer Stadt der Reisenden niemanden finde, der mir weiterhilft?

In einer öffentlichen Toilette erfahre ich die Antwort.
Aus dem Spiegel blickt mir ein Fremder entgegen: Ein Typ, der sich seit einer Woche nicht gekämmt und rasiert hat. Er hat tiefe dunkle Augenringe, fleckige Haut, weiße Speichelreste an den Mundwinkeln und einen wirren Blick. Seine Kleidung ist schlammverdreckt.

Ich sehe aus wie ein drogensüchtiger Penner! Ich halte mich am Waschbecken fest, beuge mich zum Spiegel und fixiere meine Pupillen auf der Suche nach mir selbst.

Ich ziehe mich splitternackt aus und wasche mit der Seife aus dem Spender meine Kleidung. Dann seife ich mich von Kopf bis Fuß ab und putze mir die Zähne. Ich versuche, den Dreck unter meinen Fingernägeln wegzukriegen und meine Frisur in Ordnung zu bringen. Währenddessen rede ich mit mir selbst.

Ich muss meine Strategie ändern. Ich werde nicht mehr wie ein Vagabund durch die Straßen laufen. Ich werde mich in Ordnung bringen, meine Pressemappe unter den Arm klemmen und die Redaktion der örtlichen Lokalzeitung aufsuchen. Die freuen sich immer über eine Geschichte. Wenn sie meine veröffentlichen, gewinne ich in den USA an Glaubwürdigkeit. Man wird mir Kost und Logis gratis anbieten!

Im Wartesaal der »Daily Sun of Arizona« nehme ich mir Minzbonbons aus einer Schale für die Gäste und kaue hektisch darauf herum: Ich habe seit Ewigkeiten nichts gegessen, mein Atem muss zum Himmel stinken.

Eine Sekretärin empfängt mich. Ich zeige ihr meine Pressemappe, erkläre mein Anliegen. Sie schickt mich zu einem jungen Mann namens Dan.

Dan hört sich die Sache an und lädt mich erst mal in die Kantine ein. Ich verputze einen Teller Spaghetti, den ich mit einem Baguettebrötchen blitzblank poliere. Dan gibt gleich zu, dass er bei der Zeitung nur der Praktikant ist und noch keinen einzigen Artikel veröffentlicht hat. Aber ihm gefällt meine Geschichte, und er glaubt, dass sie sein journalistischer Durchbruch sein könnte. Er nimmt ein Interview mit mir auf Kassette auf und lädt mich dann ein, bei ihm zu Hause zu übernachten. Dan ruft seine Lebensgefährtin Cheyenne an und erklärt mir, wie ich zu seiner Wohnung komme.
Er müsse noch in der Redaktion bleiben.

Cheyenne erwartet mich in der Küche des bescheidenen Apartments im Stadtzentrum mit Hamburgern und Pommes frites. Sie ist eine überaus attraktive texanische Krankenschwester mit einem Busen, der sich so perfekt unter dem T-Shirt wölbt, dass man sofort Silikon darin vermutet. Dan arbeitet tagsüber bei der Zeitung, sie nachts im Krankenhaus, so dass die beiden sich nicht sehr häufig zu Hause begegnen.

Ich erhole mich bei ihnen blendend von den Strapazen der letzten Tage und erkunde die Stadt. Flagstaff ist voller geschlossener Ex-Tankstellen, heruntergekommener Hotels und aufgegebener Kino-Drehorte mit Westernreliquien. Am Abend füllt sich das Zentrum mit Studenten und Motorradfahrern, die auf den Spuren von »Easy Rider« mit der Harley Davidson hier durchkommen. Man trifft aber auch auf Navajo-Indianer aus dem nahen Reservat.

In der öffentlichen Bücherhalle treffe ich einen alten Indianer, der Zeitung liest. Er sieht aus wie ein stolzer Häuptling aus einem Fernsehwestern. Ich zeige ihm, wie man an den öffentlichen Computern in der Bücherhalle ins Internet kommt, und er bietet mir zum Dank an, mir einen »wirklich außergewöhnlichen« Ort zu zeigen. Kim lässt mich in seinen rostigen grauen Pick-up einsteigen und fährt, die Hände fest am Lenkrad, den Oberkörper vorbeugend, mit finsterer Miene los.

»Warum sehen Indianer immer so ernst aus?« frage ich.
»Wir versuchen immer, so gefährlich auszusehen, als hätten wir gerade ein wildes Tier erlegt, damit die Weißen uns wenigstens ein bisschen ernst nehmen. Und um viril auszusehen, müssen unsere Haare lang sein wie die der Krieger«, sagt Kim und lacht, tabakkauend.

Als wir die Stadt verlassen haben, fahren wir an einer Gruppe Indianerzelten vorbei. »Die sind für Touristen, die den Wilden Westen suchen. Weg damit!«, sagt Kim und macht eine Handbewegung, als könne er damit die Tipis verschwinden lassen. »Weg, weg damit«, sagt Kim, als wir an Fast Foods, Zementbauten und Werbeplakaten vorbeifahren. »Ich wünschte, der Erdboden würde das alles verschlucken. Der Mensch braucht das alles nicht. Er braucht nur die Natur.«
Nachdem wir an einem letzten Drive-in-Restaurant vobeigekommen sind, erreichen wir einen See, dessen Ufer unbewohnt sind. Der Himmel spiegelt sich in ihm. Wir spazieren am Ufer entlang, und Kim erzählt: »Ich komme oft hierher, um die Natur zu genießen und um zu malen. Ich schaffe meine Kunst beim Beten, und dieses hier ist meine Kirche«, sagt Kim und deutet mit der Hand gen Himmel.

Als ich bei Dan und Cheyenne an der Tür klingele, macht mir niemand auf. Aber die Haustür ist nicht abgeschlossen. Im Wohnzimmer entdecke ich Cheyenne: Sie schläft auf dem breiten roten Sofa. Ihr hauchdünnes violettes Nachthemd aus Seide verhüllt kaum ihren wunderschönen Körper. Ihre langen, gebräunten Beine sind nackt. Unter ihrem Kissen entdecke ich meine rote Pressemappe.

Ich versuche sie herauszuziehen, ohne Cheyenne zu wecken. Doch sie hat einen leichten Schlaf und blockiert meine Hand. »Suchst du das hier?«, fragt sie leise.
Dunkelblaue Wimperntusche unterstreicht das intensive Blau ihrer schönen Augen, ein weißes Band hält ihr

schwarzes Haar zusammen. »Du bist ein tüchtiger Bursche«, sagt Cheyenne und gibt mir die Mappe.
Ich setze mich auf einen Stuhl, räuspere mich und versuche, das Kompliment abzuwehren. »Ich komme doch nur dank solcher Leute weiter, wie ihr es seid.«
»Quatsch«, sagt Cheyenne und richtet sich auf. »Dan hat dich eingeladen. Ich habe gar nichts getan.« Der Saum ihres Negligees streift mein Knie. Ihr Parfum duftet nach Zimt. Wir schauen uns an und schweigen lange.

»Ich ziehe mir was an, und dann lade ich dich auf einen Drink ein, okay?« sagt Cheyenne plötzlich laut. Ich bin gleichzeitig enttäuscht und erleichtert.

Die Bar, in die Cheyenne mich bringt, ist noch ganz im Countrystil eingerichtet, aber aus den Lautsprechern erklingt Techno-Musik. Am Holztresen sitzen nur Männer. Cheyenne ist die einzige Frau im Lokal. Sie bestellt mir ein Glas Cola-Rum, und dann lädt sie mich zu einer Partie Billard auf dem alten, mit rotem Belag bezogenen Tisch ein. Sie wählt ihr Queue, richtet den Stock auf mich und fragt dann mit provozierender Geste: »Ich spiele immer um Geld. Was hast du zu bieten?«
Ich trinke mein Glas auf ex aus und antworte: »Für dich tue ich alles, was du dir wünschst.«

Cheyennes erster Stoß bringt mich in Vorteil. Der Ventilator dreht sich langsam über dem Billardtisch, und der Zigarettenqualm vernebelt die Luft. Ich bin erregt und spiele gut. Wenn Cheyenne sich über den Tisch beugt, hypnotisieren ihre hautengen Jeans den ganzen Saal. Das Spiel zieht Zuschauer an.

Zwei junge Franzosen legen fünf Dollar an den Rand des Tisches und buchen damit die nächste Partie gegen uns.

Es sind nur noch zwei Kugeln übrig. Cheyenne ist dran und könnte das Spiel leicht gewinnen. Doch ihre weiße Kugel verfehlt die schwarze Acht. Sie schaut mich triumphierend an und flüstert: »Das Einzige, was du mir geben könntest, würde mich in verdammte Schwierigkeiten bringen.« So gewinne ich das Spiel, an zwei Fronten verlierend.
Als wir gegen die Franzosen spielen, lässt Cheyenne mich die Bedingung stellen. Die beiden haben erzählt, dass sie unterwegs sind nach Miami an der Ostküste. »Wenn wir gewinnen, nehmt ihr mich ein Stück mit«, sage ich.

Wir eröffnen das Spiel ohne viel Erfolg, aber ich will unbedingt gewinnen, um mir diese Mitfahrgelegenheit nicht entgehen zu lassen. Nach dem nächsten Drink läuft es besser: Cheyenne und ich spielen in perfekter Harmonie, und am Ende siegen wir mit Vorsprung. Die beiden hageren Franzosen, beide mit kurzen Haaren und grauen Gesichtern, verabreden sich mit mir: »Also morgen um Punkt acht Uhr. Aber wir haben für höchstens einen Koffer Platz im Auto.« Das soll nicht mein Problem sein.

Zu Hause wartet Dan auf uns, und endlich sitzen wir mal zu dritt am Tisch. Ich koche den beiden Nudeln mit Zucchini.

Am nächsten Morgen erwache ich früh und will mich von den beiden verabschieden. Aber als ich die Schlafzimmertür einen Spalt öffne, sehe ich Dan und Cheyenne eng umschlungen im zerwühlten Bett schlafen. Ich verzichte darauf, sie zu wecken, und schreibe mit Cheyennes Lippenstift ein grosses »Thank you!« auf den Kühlschrank.

Ich komme zu früh zur Verabredung, aber die Franzosen sind schon da. Jerome sitzt im Auto und raucht, Serge lehnt am Kofferraum eines roten Dodge und liest Zeitung.
»Warum hast du das nicht gleich gesagt«, ruft er ärgerlich aus, sobald er mich sieht.
»Was denn?« frage ich überrascht.
»Dass du ein Schnorrer bist«, sagt Serge und wedelt mit der »Daily Sun of Arizona«.

Ich bin auf der Titelseite. Ein zweispaltiges Farbfoto ist von mir abgedruckt, daneben steht ein langer Artikel über mich. Dan hat gute Arbeit geleistet.

Aber Jerome versetzt meiner Freude sofort einen Dämpfer: »Wir nehmen dich bloß im Auto mit, aber sonst bekommst du von uns gar nichts geschenkt.«

Auf dem Weg zur East Coast

Ich sitze, eingequetscht vom Gepäck der Franzosen, auf der Rückbank ihres Mietwagens und schaue aus dem Fenster. Nach hundert Meilen frostiger Stimmung erreichen wir den Grand Canyon.

Wir parken das Auto auf einem Felsvorsprung, setzen uns auf die Erde und bewundern den atemberaubenden Sonnenuntergang. Die Farben des Himmels haben alle Schattierungen von blau bis rot, die Berge färben sich violett. Erst als die Sterne leuchten, bauen wir die beiden Zelte auf, die die Franzosen dabeihaben. Jerome und Serge erwärmen Bohnen aus der Dose auf einem Campingkocher und geben mir ihre Essensreste ab. Ich leihe mir ihr Mückenspray. Nach der Nacht, die ich auf der Chinesischen Mauer verbrachte, werde ich jetzt zum zweiten Mal an einem Ort, der zu den sieben Weltwundern gehört, im Freien übernachten.

Der Sonnenaufgang wird unvergesslich bleiben: Ich stehe auf dem Felsenvorsprung und blicke in eine viele hundert Meter tiefe und ebenso breite Schlucht. Der Grand Canyon ist ein ausgetrockneter Ozean. Vor Millionen von Jahren gab es hier Fische und Säugetiere, heute haben Schlangen und giftige Spinnen das Territorium erobert. Der Ort ist das Mekka amerikanischer Familien, die hier Urlaub machen, und junger Abenteurer, die ihr Leben beim Klettern riskieren.

Auf dem Weg zum Monument Valley durchqueren wir die Dörfer der »amerikanischen Ureinwohner«: Die Indianer bekommen Unterstützung vom Staat. Wohnraum, Nahrung, Taschengeld: alles wird ihnen gestellt, damit sie in ihrer Umgebung bleiben, als Marionetten für die Touristen. Während die abgelegenen Dörfer in Afrika Tradition, Kultur und Lebensart ihrer Einwohner widerspiegeln, haben die Indianer ihre Zelte gegen moderne Wohnwagen und ihren Federschmuck gegen Baseballkappen getauscht und leben trübsinnig in den Tag hinein. Sie gehen nicht mehr auf die Jagd, sie bauen nichts an: Im besten Fall ba-

Savannah, Georgia: Clay verpasst mir eine Tätowierung.

steln sie Souvenirs. Vor jedem Indianer-Wohnwagen hängt ein Basketballkorb.

Es ist heiß und stickig, als wir durch das Monument Valley fahren. Roter Staub hat unseren roten Dodge eingehüllt und dringt bei jedem Atemzug in unsere Nasen, während wir die felsige rote Wüstenlandschaft bewundern, die uns aus dem Fernsehen vertraut ist: Hier wurden die John-Wayne-Western gedreht, hier ritten ganze Indianerstämme durch. Wir machen Fotos, und dann begeben wir uns auf die Suche nach einem kühleren Ort.

Die beiden Franzosen reden nur wenig und vermeiden jeden Kontakt mit Einheimischen. Ich nehme an, dass sie müde von ihrer langen Reise sind. Zumindest machen sie den Eindruck, als könnten sie es kaum noch abwarten, endlich in Miami ihren Mietwagen abzugeben und nach Hause zu fliegen. Sie sind nicht gerade eine anregende Reisebegleitung, aber immerhin komme ich voran. Und darf ihre Essensreste verspeisen. In den zehn Jahren, die ich mit meinen Eltern in Frankreich verbrachte, habe ich gelernt, die ewigen Meckereien der Franzosen nicht ernst zu nehmen und ihre seltenen euphorischen Momente zu schätzen.

Jerome, der Intellektuelle von den beiden, streicht sich nachdenklich über seine Bartstoppeln und fragt mich arroganterweise, was ich eigentlich ohne ihn getan hätte. Ich kann mir nicht leisten, jetzt mit ihm zu streiten und dann mitten in der Wüste ausgesetzt zu werden. Also lächele ich ihn an und antworte mit zusammengebissenen Zähnen: »Ich weiß nicht. Ich habe wirklich ein Riesenglück gehabt, euch zu treffen.«

Wir erreichen Kayenta, ein Navajo-Dorf. In den schlichten Plattenbauten links und rechts der Hauptstraße leben rund 3000 Indianer. Die einzigen gemauerten Gebäude sind Kirchen. Dutzende von Kirchen, jeglicher Konfession: Lutheraner, Katholiken, Zeugen Jehovas, Mormonen. Auf je 200 Einwohner kommt eine Kirche.

Wir parken im Schatten einer Tankstelle und betreten das einzige geöffnete Restaurant des Ortes. Drei ausgestopfte Büffelköpfe hängen am Eingang. Die Männer am Tresen, ausschließlich Indianer, beobachten uns genau, aber niemand grüßt uns oder nickt uns auch nur zu. Wir setzen uns an den einzigen sauberen Tisch. Uns gegenüber trinkt ein junger Indianer gerade sein viertes Bier. Die drei leeren Krüge hat er vor sich aufgereiht. Er rülpst glücklich und lächelt mich an.

Die beiden Franzosen bestellen sich Hamburger, und während ich darauf warte, ihre Reste verzehren zu dürfen, esse ich alle Erdnüsse auf, die in einem Schälchen auf dem Tisch stehen. Serge schiebt mir sein halb ausgetrunkenes Limonadenglas zu. Der Indianer lädt mich mit einer Geste ein, mich zu ihm zu setzen. Ich folge seiner Einladung. Er bestellt mir ein Bier. Sein Gesicht ist gerötet, seine Augen sind halb geschlossen. Ich weiß nicht, was ich zu ihm sagen soll. Also trinke ich mein Bier auf leeren Magen und schweige. Der Alkohol steigt mir sofort zu Kopf. Ich beobachte Jerome und Serge dabei, wie sie ihre Teller leer essen. Nicht einen einzigen Bissen von ihren Hamburgern lassen sie übrig.

Mit leerem Magen und schwindeligem Kopf steige ich wieder auf ihre Rückbank und schaue aus dem Fenster. In jeder Kurve des Highway 160 meine ich, das Bier in meinem Magen plätschern zu hören.

In New Mexico erreichen wir auf dem Highway 666 Los Alamos. Serge, der

Naturwissenschaftler, will unbedingt hier anhalten. In dieser bis dahin unbedeutenden Kleinstadt wurde am Ende des Zweiten Weltkriegs das so genannte Manhattan Project gestartet: Unter dem Schutz von FBI- und CIA-Agenten entwickelten Wissenschaftler hier die Atombomben, die wenig später über Hiroshima und Nagasaki abgeworfen wurden. Heute leben in Los Alamos Forscher und Naturwissenschaftler aus aller Welt. Nachdem wir das Museum besichtigt haben, will Serge eines der Labors sehen. Das Vorhaben gelingt: Dank meines Presseausweises kommen wir als »Korrespondenten« einer französischen Fachzeitschrift rein.

Danach geht es wieder »on the road«. Zwischen Gallup und Albuquerque drücke ich mir die Nase an der Fensterscheibe platt, um mir Landschaftsbilder einzuprägen, die ich jederzeit abrufen kann, wenn ich wieder von Beton umgeben in einer europäischen Großstadt lebe.

Der sechsspurige Highway 40 verläuft genau parallel zur »Historic Route 66«. Aber die Franzosen wollen nichts davon hören, auch nur ein Stück auf der alten Straße entlangzufahren. Sie wollen nur so schnell wie möglich nach Miami.

Mir tun die beiden Leid: Für sie bedeutet Reisen, Sehenswürdigkeiten abzuhaken. Dabei ist doch das ganze Leben eine Reise, und niemand sollte das Recht haben, anderen den Weg vorzuschreiben.

Als wir uns Amarillo in Texas nähern, sind Serge und Jerome müde und suchen einen Schlafplatz. Ich überrede sie, nicht in ein Motel zu gehen, sondern auf dem Parkplatz einer Tankstelle zu übernachten. Die beiden schlafen im Auto, während ich mich auf das Dach des Toilettenhäuschens lege, an die Raststätte Roma Nord denke, an der meine Reise begann, und den Polarstern betrachte. Alles dreht sich um ihn, den Fixpunkt eines jeden Reisenden.

Das Schlagwort »In Texas ist alles größer« entspricht der Wahrheit. Die Autos, die Straßen, die Häuser, ja sogar die Cowboyhüte sind größer als alles, was ich bisher gesehen habe. Ansonsten sieht Texas genauso aus, wie man es aus der TV-Serie »Dallas« kennt: Zwischen ausufernden Kuhweiden sieht man immer wieder Felder mit Ölbohrtürmen.

In Dallas fahren wir direkt ins Stadtzentrum, vorbei an Wolkenkratzern in jeder Form und Farbe. In Dallas scheint es vor allem Banken zu geben.

»Wir halten nur kurz zum Mittagessen, dann fahren wir weiter«, erklärt Jerome, der mich im Rückspiegel beobachtet. Ich habe den Eindruck, die beiden wollen nur deshalb die Stadt nicht besichtigen, um mich zu ärgern.
»Warum gucken wir uns hier nicht ein wenig um. Es täte uns doch ganz gut, ein bisschen Luft zu schnappen und uns die Beine zu vertreten«, wende ich ein.
»Du kannst ja aussteigen. Wir wollen so schnell wie möglich in Miami sein«, sagt Jerome.
In den letzten beiden Tagen haben die beiden Franzosen auch noch das letzte bisschen Urlaubsbräune verloren, das sie hatten. Mir kommen sie vor wie Roboter, die nur ein einziges Programm kennen: nach Hause zurückzukehren. Dabei haben sie in Miami überhaupt keinen Termin, und auch ihr Flugticket ist offen. Haben die beiden denn überhaupt keinen Sinn für Abenteuer, keinen Geschmack am Unvorhergesehenen? Aber ich sage nichts. Ich beiße die Zähne zusammen und schweige. Die Stimmung im Auto ist ohnehin schon frostig genug.

Jerome hält vor einem tristen Fastfood-Laden. Die beiden steigen aus und schlagen die Autotüren hinter sich zu. Ich bleibe vorerst sitzen und denke nach. Was ist mit mir los? Warum finde ich nicht die Kraft, auf den Transportkomfort zu verzichten und mich von den beiden unabhängig zu machen? Ich verspreche mir, auf die Straße zurückzukehren und mir neue Reisegefährten zu suchen, sobald wir die enervierende texanische Hitze hinter uns gelassen haben. Im Moment habe ich nichts als Hunger. Ich steige aus und folge den beiden in den verdammten Fastfood-Laden.

Ich setze mich mit gesenktem Kopf zu ihnen und warte darauf, dass sie mich irgendwie zur Kenntnis nehmen. Als die Franzosen satt sind, schieben sie mir wie gewohnt ihre Essensreste zu. Der Teller von Jerome ist allerdings voller Zigarettenasche.
»Oh, Entschuldigung«, sagt er grinsend zu mir. »Ich hatte für einen Augenblick vergessen, dass du sogar unsere Abfälle schnorrst.« Mit hocherhobenem Kopf bezahlt er die Rechnung und stolziert aus dem Laden.
Ich fühle mich gedemütigt, einsam und so frustriert, dass ich sogar wieder stottere. Vielleicht ist das Gefühl, sich nicht frei zu fühlen, die Ursache für das Stottern?

In Texas hätte ich gerne noch Austin gesehen, Stadt der Cowboys und der Hippies. Aber ich traue mich nicht, diesen Wunsch zu äußern. So fahren wir weiter an Houston vorbei, lassen auch Baton Rouge in Louisiana links liegen und halten erst in New Orleans.

Im »French Quarter«, einst Zentrum des Sklavenhandels, scheinen nur Farbige zu leben. Es gibt kreolische Restaurants und Jazz-Lokale, exotische Kunstgalerien und Kinder, die auf der Straße Stepptänze vorführen. Die Häuser im Zentrum stammen alle noch aus dem 17., 18. oder 19. Jahrhundert. Nur die Wolkenkratzer ringsherum erinnern daran, dass wir uns in den USA befinden. Wir schlendern über den French Market, und die beiden Franzosen sind so gut gelaunt, dass sie mir sogar eine Portion »Jambalaya« ausgeben, ein Gericht aus Reis, Huhn und Krabben. Während wir auf dem Spanischen Platz rasten und den Mississippi betrachten, der nach langer Reise bald in den Golf von Mexiko mündet, fühle ich mich wieder stark. Serge und Jerome halten ein Nickerchen auf zwei Parkbänken. Sobald sie erwachen, werden sie zum Aufbruch drängen. Ohne mich!

Auf ein Stück Zeitungspapier schreibe ich ihnen meine Abschiedsbotschaft: »Wir sind alle Reisende auf der Suche nach Gefährten.« Dann nehme ich meinen Bauchgurt, meine Pressemappe und meine Jacke, erfrische mein Gesicht an einem Brunnen und spaziere davon – durch die bunten Straßen dieser anregenden Stadt.

Bei Sonnenuntergang zieht es mich in ein kleines Lokal, aus dem afrikanische Rhythmen erklingen. Die farbigen Musiker tragen Kostüme aus Leopardenfell und führen rund um ihre Trommeln auf rotem Teppich einen Tanz auf, der wahrscheinlich eine Jagdszene darstellt. Mit nackten Füßen bringen sie den Boden zum Vibrieren. Die Touristen an den Tischen essen weiter und heben kaum ihre Blicke.

Ein Pärchen steht auf und verlässt das Lokal. Ich schleiche mich an ihren noch reich gedeckten Tisch und verschlinge den noch halb gefüllten Teller »Cajun«, das Spezialgericht des Hauses. Es ist höllisch scharf, aber der Rest aus der Rotweinflasche löscht meine brennende Zunge. Nachdem ich schnell noch die Taco-Snacks, Zuckertütchen und Schokobonbons vom Tisch eingesteckt habe, mache ich mich aus dem Staub, bevor der Kellner mich erwischt.

Ich laufe durch die Bourbon Street, in der rund um die Uhr das Leben tobt, vorbei an Jazzlokalen, erotischen Varietés und Schwulendiskos, schnorre bei einem Touristen eine Zigarette und setze mich dann auf den Bürgersteig unter eine Straßenlaterne und betrachte die Leute, die vorbeigehen. Die Nacht ist lau, und ich brauche mir kein Dach über dem Kopf zu suchen: Ich kann im Freien übernachten. Ich finde ein ruhiges Plätzchen auf einer Holzbrücke über dem Mississippi. Das sanfte Plätschern unter mir wiegt mich in den Schlaf. Ich fühle mich glücklich und frei.

Am nächsten Morgen schaue ich mich an und muss zugeben, dass meine Keidung verdammt verschlissen aussieht: Die Löcher in meinem T-Shirt kann man kaum noch zählen. Vor einem Einfamilienhäuschen hängt eine Wäscheleine voller Kleidung. Ich schleiche mich in den Garten und klaue ein T-Shirt, eine kurze grüne Hose und ein Sweatshirt der Uni Yale. Ein Passant beobachtet mich mit sarkastischem Grinsen. Ich schäme mich: Diesmal habe ich es auf der Suche nach der Brüderlichkeit unter den Menschen zu weit getrieben.

Nicht weit entfernt entdecke ich eine Greyhound-Bushaltestelle. Das Wartehäuschen ist von einheimischen Familien, die auf blauen Plastikstühlen ausruhen, und farbigen Müttern mit großer Kinderschar überfüllt. Ich entdecke niemanden, den ich um ein Ticket bitten möchte.

Ein Polizist bewacht den Busbahnhof. Ich frage ihn nach der Adresse einer Armenküche. Er will wissen, wer ich bin und warum ich danach suche. Ich erzähle ihm meine ganze Geschichte und zeige ihm meine Pressemappe mit Dans großem Artikel aus der amerikanischen Zeitung. Ein zweiter Polizist gesellt sich zu uns und hört ebenfalls zu. Er bittet mich, ihn und seinen Kollegen auf das Revier zu begleiten.

Im Büro sind wir drei allein. An den Wänden hängen Fotos von gesuchten Verbrechern und vermissten Frauen. Ich setze mich vor den Schreibtisch. Der eine Polizist, der sich als Sam vorgestellt hat, setzt sich dahinter. An seinem Stuhl baumelt ein Paar Handschellen.
»Mach dir keine Sorgen. Du machst nicht den Eindruck, sehr gefährlich zu sein«, beruhigt mich der zweite Polizist namens Brandon.
»Wir wohnen mitten im Stadtzentrum und haben öfter mal junge Ausländer zu Gast, die zehn Dollar die Nacht bezahlen. Wir verjubeln das Geld in

der Disko«, sagt Sam. Er schaut seinen Kollegen an.
Der nickt beifällig. Dann fährt er fort: »Du gefällst uns. Vielleicht können wir uns einig werden.«
»Seid ihr Brüder?« frage ich irritiert.
»Nein, Sam ist mein Geliebter«, sagt Brandon fröhlich.
Ich bin verblüfft und schweige erst mal. Dann stottere ich: »Ich steh' auf Frauen. Ich habe eine Freundin. Aber ich habe nichts gegen Schwule, äh, ich meine, wenn es Liebe ist.«
Die beiden grinsen sich an. Dann spuckt Sam ein wenig Kautabak aus und sagt: »Du kannst gratis bei uns übernachten. Ohne Gegenleistung.«
Ich nehme die Einladung an.

Nach Dienstschluss bringen Sam und Brandon mich in ihrem Streifenwagen in ihre Wohnung. Brandon schließt die Tür auf und sagt: »Hier kannst du dich sicher fühlen.«
Die Äußerung irritiert mich. Immerhin betrete ich gerade die Wohnung von zwei Homosexuellen, die mit Pistolen und Handschellen ausgerüstet sind …

Die Wohnung ist perfekt aufgeräumt und ordentlich. In einem Schränkchen ist eine Sammlung von Kaninchen und Delphinen aus Glas ausgestellt. Eine Ecke des sauberen hellblauen Teppichbodens ist mit weißen Spitzenkissen bedeckt. Im Schlafzimmer steht ein exrabreites rotes Doppelbett. Mit maliziösem Grinsen öffnet Sam eine weitere Tür: »Dies ist dein Zimmer.« Ich stehe vor einem Himmelbett, bezogen mit Bettwäsche aus schwarzer Seide. Im Zimmer steht außerdem ein Schreibtisch, der einem Staatspräsidenten Ehre machen würde. An der Wand hängen gerahmte Urkunden und Auszeichnungen für den »beispielhaften Einsatz« und den »Mut« des Polizisten Sam Bell.

Sam hat sich eine geblümte Küchenschürze umgebunden und bereitet Brathühnchen vor. Brandon deckt liebevoll den Tisch und zündet Kerzen an. Das Mahl ist hervorragend, meine beiden Gastgeber sind angenehme Plauderer.

Nach der Dusche empfehlen mir die beiden eine Gesichtsmaske aus Avocado-Früchten. Als ich mich in mein Zimmer zurückziehe, schließe ich die Tür ab.

Lautes Klopfen reißt mich aus dem Schlaf. »Open the door!«, brüllt Sam. Ich gehorche. Der Polizist steht mit einem Frühstückstablett in der Hand vor mir und schimpft: »Das fängt ja gut an, du dummer Italiener! Warum musstest du dich einschließen? Ich wollte dir das Frühstück ans Bett bringen. Jetzt hast du alles verdorben, und der Toast ist kalt!«

Meine Gastgeber ziehen sich eng anliegende graue Hosen an: Sie wollen ins Gymnastikstudio, wo sie einen Stepptanzkursus belegt haben. »Hier sind die Schlüssel für die Wohnung. Der Kühlschrank ist voll. Mach keine Unordnung, wühle nicht in den Schubladen herum. Und wenn du mit uns zu Abend essen willst, musst du um 18 Uhr hier sein.«
»Befehl verstanden«, sage ich und verabschiede mich mit einem möglichst männlichen Händedruck.

Ich setze mich an den Präsidentenschreibtisch und leere meinen Bauchgurt aus. Visitenkarten, Notizzettel, kleine Souvenirs, Grußkärtchen purzeln auf Sams Lederunterlage. Mein Schreibheft ist seit geraumer Zeit voll. Vielleicht sollte ich hier mein Reisetagebuch vervollständigen, bis ich zur letzten Etappe meiner Reise aufbreche. Ich habe noch einige Tage Zeit, bis mein Frachter abfährt.

Ich arbeite anderthalb Tage lang am Tagebuch und genieße den Luxus, ein Badezimmer, ein weiches Bett und einen gefüllten Kühlschrank zu haben. Allerdings herrscht dicke Luft

Los Angeles: Fensterputzen für ein Frühstück.

im Haus. Ich habe den Eindruck, dass Brandon sich mir gegenüber immer kühler verhält, während Sam seine Aufmerksamkeiten noch steigert.

Am Nachmittag des zweiten Tages besuche ich das historische »Voodoo-Museum«. Über dem Eingang hängen ein Alligatorenkopf und ein Besen, von der Wand lächelt das von blauen Kerzen beleuchtete Porträt Marie Laveaus, einer berühmten Voodoo-Priesterin. An einem Tisch in Form eines Altars sitzt eine klapperdürre, uralte farbige Frau mit weißen Haaren. Sie lässt ihr Strickzeug sinken und lädt mich mit einer Geste ein, doch näher zu treten. Als ich vor ihr stehe, sagt sie nur: »Zehn Dollar.«

Ich krame meinen Presseausweis hervor.
»Ich bin Journalist und möchte einen Artikel über das Museum schreiben.«
Die Frau scheint mir überhaupt nicht zuzuhören. Sie strickt weiter.
»Als Journalist muss ich doch keinen Eintritt zahlen, oder?«
Die Frau hebt den Kopf, schlägt mit der Hand auf den Tisch und sagt: »Zehn Dollar.«
Entweder will sie mich nicht verstehen, oder sie kann mich nicht verstehen.
Die zweite Vermutung ist richtig: Die Kassiererin ist stocktaub. Und ich hätte ihr beinahe mein ganzes Reiseunternehmen erklärt ...
In diesem Moment kommen fünf Touristen ins Museum und zahlen allesamt ihren Eintritt. Ich mische mich unter sie und schlüpfe ohne Ticket mit durch.

Wir gehen zunächst durch einen Korridor, der nur von schwarzen Kerzen beleuchtet wird, und erreichen verschiedene Säle voller Masken, Puppen und religiöser Statuen. Unter der Überschrift »Der Geist von Exu« entdecke ich auf einem Altar einen Totenkopf mit gelben Katzenpupillen. »Exu ist der jüngste der Geister, aber er kann sehr gefährlich werden, wenn er nicht als Erster verehrt wird«, erfahre ich. Weil ich ein wenig abergläubisch bin, klopfe ich zur Sicherheit schnell auf Holz. Vor dem Exu-Altar haben Besucher Opfergaben dargebracht: Zigarren, Schnapsflaschen, Bargeld. Ich stecke zwei Fünf-Dollar-Noten ein, weil ich glaube, dass die alte Frau am Eingang das Geld nötiger braucht als der Geist.

Ein Film über die Voodoo-Geschichte klärt mich über den Ursprung dieser Religion auf und darüber, dass sie heute allzu oft missbraucht wird. Die afrikanischen Voodoo-Praktiken gehen so weit zurück, wie es Menschen auf dem afrikanischen Kontinent gibt. Das Wort »Voudum« bedeutet »Gott der Schöpfer« oder auch »Großer Geist«. Im 16. Jahrhundert brachten die Sklaven aus Afrika das einzige mit nach Amerika, was sie noch besaßen: Ihren Glauben, ihre Stammesriten. Voodoo-Anhänger beten zu den Geistern, die sich in Naturphänomenen wie Wind, Regen, Blitzen, in Flüssen, in Bäumen oder auch in Steinen zeigen, durch Tänze und Riten, die heute als »magisch« gelten.

Am Ausgang des Museums kehre ich um und gehe wieder zur Kasse. Die taube Frau blickt mich durch ihre Brille an, erkennt mich offenbar ncht und sagt: »Zehn Dollar.« Ich lege die beiden Scheine auf ihren Tisch, zwinkere ihr zu und gehe hinaus.

Zu Hause hat sich die Situation verschlimmert: Wie befürchtet, bekam Brandon einen Eifersuchtsanfall und verließ türenknallend das Haus mit der Drohung, niemals zurückzukehren. Sam scheint sich darüber nicht sehr aufzuregen. Er schnallt seine Magnum ab und befindet: »Zu zweit haben wir es doch auch sehr gemütlich.« Ich schaue auf seine Waffe und beschließe, erst mal ins »Cyber Café« zu gehen.

Dort freunde ich mich mit dem Barmann an. Albert stiftet mir ein Glas Milch und lässt mich gratis ins Internet. Endlich kann ich meine E-Mail checken. Ich habe Dutzende von Messages drin. Die meisten sind von Camilla, aber auch meine Eltern, Freunde und Leute, die ich während der Reise traf, haben mir geschrieben. Ich beantworte meine Post und suche vergeblich eine Message von der Redaktion des Guinness-Buches. Wir hatten vereinbart, in Kontakt zu bleiben. Wer weiß, vielleicht haben die schon einen ihrer Agenten ausgeschickt und ich werde heimlich beobachtet?

Als ich nach Hause zurückkehre, hat Sam ein duftendes Risotto mit Meeresfrüchten zubereitet. Nach dem Essen unterbreitet er mir ein indezentes Angebot:
»Willst du einen Pornofilm mit mir gucken?«
»Nur wenn es einer mit Frauen ist«, sage ich perplex.
Sam öffnet einen Schrank und sucht aus etwa hundert Videokassetten eine aus.
»Hier, das ist die einzige mit Frauen.«
Er schiebt die Kassette in den Videorecorder und macht es sich auf dem Sofa gemütlich. Auf den Couchtisch hat er eine Rolle Klopapier gestellt.

Nach der ersten Nummer der Schauspieler beginnt Sam, sich die Brust zu streicheln. Langsam wandert seine Hand runter in Richtung Hosenschlitz. Ich tue so, als würde ich nichts bemerken, bis der Couchtisch, auf den Sam seine Füße gelegt hat, zu wackeln beginnt. Sam streckt sich und stöhnt, den Mund voller Kautabak: »Komm schon. Mach du's dir auch. Sonst kann ich nicht kommen.«
Ich bin nicht mehr peinlich berührt, sondern nur noch angewidert.
»Der Film regt mich nicht genug auf.« Sam insistiert. Ich gebe nicht nach. Da tritt er den Couchtisch um und kreischt: »Nach allem, was ich für dich getan habe, willst du mir nicht mal den kleinsten Wunsch erfüllen?«

Es ist offenbar wieder mal an der Zeit, dass ich mich aus dem Staub mache. Gott sei Dank steht Sam jetzt auf und zieht sich um: Er hat Nachtschicht.

Als er das Haus verlassen hat, nehme ich ein heißes Bad. Wer weiß, wann ich das nächste Mal einen solchen Luxus genießen kann. Ich benutze extra viel Shampoo und sogar Sams Haar-Balsam, schneide meine Haare und meine Fußnägel und stecke zwei Einwegrasierer und eine Tube Zahncreme ein. Dann lege ich mich noch mal kurz aufs Ohr, bevor ich das Haus verlasse, nachdem ich Sam einen Zettel auf den Küchentisch gelegt habe: »Es gibt keine altruistischen Menschen. Hinter jeder Beziehung steckt ein Interesse. Schade! Du solltest Brandon suchen!«

Draußen wird es gerade hell, und ein tropisches Gewitter setzt die Straßen von New Orleans unter Wasser. Ich halte mein Gesicht in den Regen und reinige meine Gedanken unter dem Strudel frischen Wassers.
Dann verziehe ich mich unter das Vordach eines Obstverkäufers auf dem French Market. Der Händler lädt gerade seine Ware aus und schenkt mir vier Mangos und eine überreife Kakipflaume.
Ich setze mich auf seine Kartoffelsäcke und warte auf den Tag.

Als es hell genug ist, mache ich mich auf den Weg zum Bahnübergang. Vielleicht kann ich wieder auf einen Güterzug aufspringen. Plötzlich höre ich eine Stimme hinter mir: »Hey man, du gehst zu schnell für den Jazz!«
Hinter mir steht ein Vagabund, der aussieht wie der Doppelgänger von Hulk Hogan, dem berühmten amerikanischen Catcher. Er ist groß, hat einen dichten Bart, und seine langen blonden Haare werden von einem Harley-Davidson-Band zusammengehalten. »Hey man, du gehst zu

schnell. Wir sind hier in der Stadt des Rhythmus, des Blues und des Jazz. Pass dich an!« sagt er grinsend und klimpert auf seiner alten Holzgitarre.
»Okay. Dann bring mir bei, wie man sich richtig bewegt!«
Der Riese heißt Tony. Er fragt mich, wo ich hinwill, und begleitet mich, Gitarre spielend, federnden Schrittes an den Gleisen entlang in Richtung Bahnhof. Tony hält seine Augen halb geschlossen und hat eine ausgebrannte Haschischzigarette im Mundwinkel. Unterwegs kommen wir an einem Pärchen vorbei, das sich über sein Geklimper beschwert. Tony dreht sich um und brüllt ihnen zu: »Euch stört der Lärm? Unsere Epoche macht euch krank? Dann versucht doch mal, selber Lärm und Bewegung zu sein, dann wird alles um euch herum plötzlich ganz ruhig.«

Als wir schon in Sichtweite des Bahnhofs sind, höre ich hinter uns einen Güterzug, der in Richtung Osten unterwegs ist. Ich überlege nicht lange, sondern laufe los. Als ich auf der Höhe des letzten Waggons bin, fasse ich nach dem Türgriff, um mich hochzuziehen. Aber als ich meinen Fuß auf das noch regennasse Brett darunter setze, rutsche ich ab. Ich knalle voller Wucht auf die Erde und kugele auf den Asphalt. Mein rechter Arm tut höllisch weh.

Als ich aufstehe, kann ich meinen Herzschlag im rechten Puls fühlen. Ich glaube, dass ich mir das Handgelenk gebrochen habe.

Tony packt mich fest an den Schultern, schaut mich an und sagt: »Na, du scheinst ja noch ganz zu sein. Muss ich dir auch das Springen beibringen?« Dann pfeift er wieder irgendeine Melodie, begreift aber, dass mir nicht zum Scherzen zu Mute ist, und schenkt mir einen Dollar, damit ich Sam anrufen und ihn bitten kann, mich abzuholen.

Der Polizist macht sich ernsthafte Sorgen und ist kurz darauf mit seinem Streifenwagen zur Stelle. Er bringt Tony und mich mit Blaulicht in ein Krankenhaus. Das Handgelenk ist tatsächlich gebrochen. Ich bekomme, dank meines Krankenversicherungsscheines, einen schönen Gips, und eine Stunde später stehe ich wieder auf der Straße. Sam und Tony warten auf mich.

»Ich fahr' dich jetzt zur Bushaltestelle und kauf' dir ein Ticket nach Savannah, damit du heil nach Hause kommst«, sagt Sam.
»Was willst du dafür haben?« frage ich, peinlich berührt.
»Deine Adresse in Italien«, sagt Sam und grinst.

Als ich das Ticket in der Hand halte, verabschiede ich mich von meinen beiden Freunden. Sam drückt mir die Hand, dann flüstert er mir ins Ohr: »Wenn ich dich besuche, stellst du mir einen Römer vor. Möglichst einen Arzt, gut aussehend und reich. Okay?«
Tony schenkt mir zum Abschied eine Tüte Erdnüsse, zwei Bananen und einen Stängel Weintrauben, den er aus seinem Beutel hervorzaubert. »War nett, dich kennen zu lernen«, sagt er gut gelaunt.
»Es war ein aufregender Tag«, antworte ich.
Der Busfahrer lässt den Motor an. Ich steige ein. Tony ruft mir hinterher: »Hey man, du gehst zu schnell für den Jazz!« und lässt noch einmal seine Gitarre erklingen.

Im überfüllten Bus finde ich einen Sitzplatz neben einer zierlichen alten Dame mit wasserstoffblond gefärbtem Haar, die ein rosa T-Shirt mit der Aufschrift »Spice Girls« trägt. Ihr jugendliches Gehabe steht in krassem Widerspruch zu den tiefen Falten in ihrem Gesicht.

Rundherum sehe ich Gesichter jeder Hautfarbe. Vier schwarze Kinder drängen sich auf zwei Plätzen. Vor mir versucht ein Indianer, ein Nickerchen zu halten. Ich genieße den Luxus meines komfortablen Sitzplatzes und schlafe schnell ein. Allerdings werde ich kurz darauf wieder wach: Mrs. Spice Girl neben mir schnarcht, und ihr Gebiss klappert dabei. In jeder Rechtskurve fällt ihr Kopf auf meine linke Schulter.

Der Bus fährt nachts durch Alabama. Am Morgen halten wir zum Frühstück an einem Fastfood-Restaurant in Greenville, Florida. Meine betagte Sitznachbarin namens Debbie lädt mich zu einem Teller Rice Crispies und einem Becher Kaffee ein. Ich schneide ihr dafür eine meiner Bananen in Scheiben. »Ich kann mit meinen neuen Zähnen so schlecht kauen«, erklärt sie. Sie ist seit drei Tagen im Bus unterwegs. »Ich komme aus San Francisco und besuche meinen Enkel in Jacksonville«, berichtet Debbie.

Zurück im Bus erzählt mir Debbie ihr ganzes langes Leben, das ihrer Kinder und das ihrer Enkel. Als wir Jacksonville erreichen, stellt sie fest, dass sie mich nicht einmal nach meinem Namen gefragt hat.
»Das macht doch nichts. Es war mir ein Vergnügen, ihnen zuzuhören«, beteure ich und helfe ihr beim Aussteigen. Debbie drückt mir schnell noch die Adresse einer Freundin in Savannah in die Hand und sagt: »Ich

habe lange nichts von ihr gehört. Ich hoffe, sie lebt noch.«

Savannah ist die letzte Etappe meiner Amerika-Reise. An den Lagunen und Inseln der Küste vorbeifahrend, erreichen wir Georgia, den Geburtsstaat von Coca-Cola und CNN. Als ich in Savannah aussteige, bin ich ziemlich aufgeregt. Wenn ich jetzt mein Frachtschiff finde und der Kapitän mich wie versprochen an Bord nimmt, habe ich mein Ziel fast erreicht, in hundert Tagen die Erde ohne Geld und Gepäck zu umrunden.

Ich schlendere durch die eleganten Straßen Savannahs und bewundere Paläste und Villen der Jahrhundertwende. Die Architektur in dieser Stadt ist der in New Orleans ganz ähnlich, aber hier gibt es keine Touristen. Nur elegant gekleidete Rentner spazieren durch die Alleen und Parks. Hier scheint sich alles wie in Zeitlupe zu bewegen. Ich gehe durch die River Street und laufe dann parallel zum Savannah River in Richtung des Ozeans. Die frische Luft reinigt meinen Atem.

Als ich am Handelshafen ankomme, frage ich gleich nach der »Senator«. Das ist der 219 Meter lange Frachter unter liberianischer Flagge, der mich nach La Spezia bringen soll. Im Büro der Sea Lloyd ziehe ich aus meiner Gürteltasche die total zerknüllten Dokumente, die mir die Überfahrt garantieren sollen.
»Ah, ja. Pennacchi. Sie sind der junge Mann, der den Jungs auf der ›Senator‹ zur Hand gehen soll. Ja. Leider ist das Schiff mitten in den Wirbelsturm ›Bonnie‹ geraten. Falls ›Bonnie‹ unsere Küste verschont, läuft die ›Senator‹ in drei Tagen hier ein. Wenn nicht, müssen Sie sie in einem anderen Hafen suchen.«

Ich kriege erst mal einen Schreck und rechne nach. Durch die Verspätung des Schiffes werde ich meine geplante Weltumrundung in hundert Tagen nicht mehr schaffen. Heute ist mein 96. Reisetag. Aber dann fällt mir der Schäfer Yag-soo ein, den ich in China traf, und ich muss über mich selbst lachen. Ist es so wichtig, innerhalb von hundert Tagen wieder zu Hause zu sein?

Jetzt muss ich erst mal zusehen, wie ich zwei weitere Tage in Savannah überleben kann, bis ich weiß, welche Richtung der Wirbelsturm »Bonnie« nimmt.
Da fällt mir ein, dass ich ja noch die Adresse in der Tasche habe, die Debbie aus dem Bus mir gegeben hat. Ich mache mich also auf in

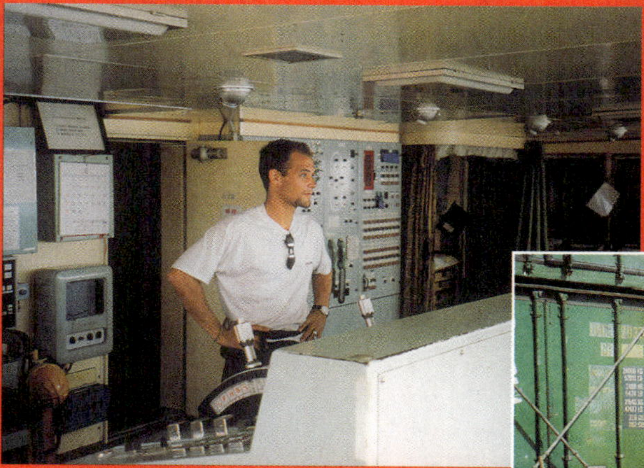

Hightech bestimmt die moderne Frachtschifffahrt.

Blick aus der Kommandobrücke der »Senator«.

Container, unter dem Vögel als blinde Passagiere mit uns den Atlantik überquerten.

Arbeiten an Deck, während wir uns auf Höhe der Azoren befinden.

Meine Freunde an Bord aus Tuvalu.

Das letzte Foto der Reise: Mohammed und Aziz sind glücklich.

Richtung 23 Gaston Avenue. Eine alte Dame öffnet die Tür. Sie ist eine Farbige.
»Mrs. Bower?« frage ich.
»Oh nein«, sagt die Dame und bekreuzigt sich. »Mrs. Bower ist vor einem Jahr gestorben.«
Ich entschuldige mich für die Störung und verabschiede mich hastig.

Ganz in der Nähe entdecke ich eine Villa, über deren Eingang ein Schild mit der Aufschrift »Jugendherberge« steht. Ich klingele an der Tür. Es öffnet ein junger Typ mit feuerroten Haaren und Koteletten, die bis zum Kinn reichen. »Übernachtung mit Frühstück kostet fünfzehn Dollar pro Nacht im Zwölfbettzimmer«, sagt er gelangweilt.
Ich zeige ihm meine Pressemappe und lege los: »Ich reise ohne Geld und Gepäck um die Welt, um eine Botschaft der Brüderlichkeit zu verkünden.«
Der Rothaarige schaut mich noch immer gelangweilt an, sagt aber: »Komm rein. Wir reden.« Nachdem er mich in sein Büro dirigiert hat, bietet er mir einen Job an: »Du kannst gratis hier übernachten, wenn du dafür drei Stunden auf dem Dach arbeitest, das dringend ausgebessert werden muss.«
Ich nehme die Arbeit begeistert an.
Kurz darauf befinde ich mich auf dem heißen Blechdach der Jugendherberge und schleife Rostspuren und alten Lack ab. Meine rechte Hand schmerzt noch immer höllisch. Deshalb arbeite ich mit der linken. Weil ich heute noch nichts gegessen habe, wird mir schwindelig. Aber ich halte durch. Nach drei Stunden steige ich hinunter und gebe meine Arbeitsutensilien bei Derry ab.
»Du siehst blass aus«, sagt er. »Geh in die Küche und nimm dir einen Teller von der Suppe, die ich gekocht habe. Du hast dir deine Nacht verdient.«

Nachdem ich mir den Magen gefüllt habe, falle ich auf meine Matratze und schlafe ein. Nichts und niemand kann mich wecken. Ich erwache erst nach mehr als zwölf Stunden aus einem tiefen traumlosen Schlaf.

Als ich durch Savannah laufe, habe ich an einem kleinen Platz plötzlich das Gefühl, diesen Ort zu kennen. »Chippewa Square« heißt er. Mein Blick fällt auf eine Bank vor einer Bushaltestelle. Aber ja! Auf dieser Bank sitzt Tom Hanks im Film »Forrest Gump« und erzählt sein Leben! Zufall oder Schicksal? »Forrest Gump« ist einer meiner absoluten Lieblingsfilme, und die Szene, in der er ohne Ziel durch

Amerika läuft, hat mich zu meiner Reise angeregt. Ich setze mich auf die Bank, schaue nach links und sage: »Mein Name ist Forrest. Forrest Guuump!« Ich schaue auf den Boden, um zu sehen, ob sich auch zu meinen Füßen eine Feder niederlässt, aber ich sehe nur einen Passanten, der schnellen Schrittes vorbeigeht und dabei stolpert.
»Hey man, du gehst zu schnell für den Jazz!« rufe ich ihm hinterher und lache in mich hinein.

Mir gegenüber kommt eine Gruppe junger Leute laut diskutierend aus dem Savannah College of Art. Ich gehe zu ihnen rüber und stelle mich vor, wie Forrest Gump es gemacht hätte. »Hallo, ich heiße Theo und komme aus Italien«, sage ich.
»Oh, Italy. Lovely!« antwortet ein Mädchen aus der Gruppe.
Kurz darauf sitze ich mit meinen neuen Freunden in einem Café und diskutiere über Stammeskunst und Kulturunterschiede. Meine Reise macht großen Eindruck auf die jungen Kunststudenten. Einer von ihnen namens Clay hat beide Arme tätowiert, und ich erfahre, dass Clay einen kleinen Laden hat, in dem er Kunden tätowiert.
»Ich habe ein Tattoo aus Bali«, sage ich, »aber ich würde gerne auf dem anderen Arm eines als Andenken an diese Reise mit nach Hause nehmen.«
»Dann such dir jemanden, der es dir gratis macht. Ich arbeite nur gegen Geld«, sagt Clay.
»Und was ist, wenn ich dir eine Werbung in der Lokalzeitung beschaffe?« frage ich.
»Dann könnte ich es mir vielleicht überlegen. Aber nur, wenn ein Foto von meinem Laden in der ›Savannah Morning News‹ landet«, sagt Clay.

Roland und Rafael, zwei spanische Kunststudenten, bringen mich in die Redaktion der Lokalzeitung. Wieder erzähle ich einer Sekretärin meine Geschichte, die mich zu einem jungen Redakteur schickt. Doug ist begeistert, stellt mir tausend Fragen und verspricht, in zwei Tagen einen Artikel zu veröffentlichen. Er will ein Foto von mir machen. Ich bestehe darauf, dass wir es in Clays »Alien Arts Tattoo Shop« schießen. Wir verabreden uns für den nächsten Nachmittag.

Die beiden Spanier laden mich ein, bei ihnen zu übernachten, und bereiten ein Festmahl zu. Während sie Fisch für die Paella und Ei und Kartoffeln für die Tortillas vorbereiten, erzähle ich Reiseanekdoten. Dabei leeren wir zwei Flaschen Rotwein. Als wir schließlich am reichlich ge-

deckten Tisch sitzen, erhebe ich mein Glas und sage feierlich: »Vielen Dank für eure Gastfreundschaft und für alle diese Herrlichkeiten.«
»Vielen Dank für deine Erzählungen«, antwortet Rafael. »Sie geben uns das Gefühl, ein Stück mitzureisen.«
»Das ganze Leben ist eine Reise. Man vergisst das nur manchmal.«

Ich schlafe tief auf einem bequemen Sofa.

Am Morgen nehme ich mein Frühstück in einem Café neben der Kunsthochschule ein. Ich habe dem Besitzer angeboten, ihm die Scheiben zu putzen. Dafür bekomme ich Kaffee und Brötchen gratis. Nach dem Frühstück zeichne ich auf einem Stück Papier den Entwurf für mein Tattoo.

Als ich im »Alien Arts Tattoo Shop« eintreffe, wartet schon der Fotograf auf mich. Ich zeige Clay meine Zeichnung: Ein Globus mit den vier Elementen Feuer, Erde, Wasser und Luft. Im Zentrum sieht man eine Möwe als Sinnbild der Freiheit.
»Zu kompliziert. Zu bunt. Zu teuer«, sagt Clay. Ich verspreche ihm, seinen Laden auch in meinem Buch zu erwähnen. Da willigt er ein.
Ich mache es mir auf einem alten Friseurstuhl bequem. Der Fotograf verknipst einen ganzen Film.

Nach zwei Stunden ist das Werk vollendet. Ich betrachte es im Spiegel.
»Genauso habe ich es mir vorgestellt«, sage ich glücklich.
»Ich werde die Zeichnung in meinen Katalog aufnehmen«, verspricht Clay zufrieden.

Als ich zu meinen Gastgebern zurückkehre, ist das Abendessen schon fertig.
»Das ist dein letzter Abend in den Vereinigten Staaten. Es gibt Lasagne«, sagt Rafael. Ich muss lächeln. An meinem ersten Abend in Moskau musste ich Lasagne zubereiten, um einen Schlafplatz zu bekommen. Jetzt wird sie mir spontan angeboten.

Am nächsten Morgen wecken mich Rafael und Roland kurz nach Sonnenaufgang, um mich zum Hafen zu bringen. Die »Senator« müsste eingelaufen sein.

Auf dem Weg kaufen wir eine »Savannah Morning News«. Doug hat Wort gehalten. Der Artikel über mich ist drin. Garniert mit einem großen Foto von Clay und meinem Tattoo.
Ich liege mit Roland auf der Ladefläche eines schwarzen Chevrolet Pick-ups. Rafael fährt. Wir rauchen hinten einen Joint. Ich genieße diese letzten Meter auf amerikanischem Boden.

Letzte Etappe Atlantik

Im Hafen muss ich mich von meinen Freunden verabschieden. Roland verspricht, mich in Rom zu besuchen, weil er den Papst sehen will. Rafael schenkt mir eine Karikatur, die er gezeichnet hat. Oben hat er mich porträtiert, unten sieht man den »Reigen« von Matisse.

Ich passiere problemlos die Passkontrolle, und auch die amerikanischen Zollbeamten lassen mich ohne Fragen ausreisen. Mit meinem Gurt, der Pressemappe und meiner Jacke in der Hand gehe ich langsam auf die Mole zu, als wollte ich den Moment der Abreise noch hinauszögern.

Die »Senator« ist das größte Schiff im Hafen. Unter der Treppe, die auf den Frachter führt, fischt ein alter Seemann mit einer großen Harpune. Die Pfeilspitze ist an einer langen Schnur befestigt, die er um sein Handgelenk geschlungen hat. Der Mann ist barfuß, sein Körper sieht mächtig aus. Ich frage mich, aus welchem Teil der Erde dieser Fischer stammen könnte, und komme nicht drauf.

An Bord treffe ich einen weiteren Seemann, der dem Harpunen-Fischer ähnlich sieht. Er ist mindestens 1,80 Meter groß und seine Oberarme sind dicker als meine Schenkel. Sein Hals, breit wie der eines Stieres, ist mit einer einfachen Zeichnung tätowiert. Er hat ein freundliches, sehr dunkles Gesicht, schwarze Locken und eine breite Nase.
»Ich heiße Lanatu«, stellt sich der Seemann vor. »Ich bin der dritte Maschinenführer.«
Weil ich ihn so neugierig mustere, fügt er hinzu: »Ich bin ein Tuvaluer.«
»Woher?« frage ich.
»Du kennst Tuvalu nicht? Das ist eine Insel mitten im Pazifischen Ozean. Hier auf der ›Senator‹ sind wir fast alle Tuvaluer.«

Meine Kajüte auf dem vierten Deck sieht genauso aus wie die auf der »Sea Crew«. Mit einer Ausnahme. Es gibt ein Bücherregal. Ich frage Lanatu, welche Arbeit ich eigentlich an Bord verrichten soll.
Er zuckt die Schultern. »Frag den Kapitän! Um sechs Uhr gibt's Abendbrot.«

Der Kapitän der »Senator« soll ein Deutscher sein. Im Speisesaal entdecke ich ihn sofort: Er ist groß und dick, hat einen runden Kopf, braune Auge und einen langen weißen Bart.
»Sie sind Matteo Pennacchi?«
»Ja. Sie sind der Kapitän? Wie ist Ihr Name? Wie soll ich Sie anreden?«
»Sagen Sie einfach Kapitän.«
Er sitzt mit dem Ersten und Zweiten Offizier, die ebenfalls Deutsche sind, an einem Tisch. Daneben speisen vier magere Russen, unter ihnen der Koch. Die zwölf Tuvaluer an Bord nehmen ihre Mahlzeit in der Kombüse ein. Ich habe einen Tisch ganz für mich allein und stürze mich auf die beiden dicken Schweinekoteletts auf meinem Teller, bis der Kapitän sich an mich wendet.
»Matteo, meine Reederei hat mir eine Menge Unterlagen über dich gefaxt. Du sprichst gut Französisch und hast mal für die UN in Afrika gearbeitet, richtig?«
Ich nicke überrascht.
»Also hör zu: Was du an Bord zu tun hast, wird für uns alle von enormer Bedeutung sein.«
Es ist still im Speisesaal. Alle hören gespannt zu.
»Wir haben zwei blinde Passagiere an Bord. Sie haben keine Pässe und sagen, sie wären politische Flüchtlinge aus Algerien. Aber keiner von uns kann Arabisch oder Französisch. Deine Aufgabe wird es sein, als Dolmetscher zu fungieren und mit den italienischen Behörden zu verhandeln, damit wir die beiden in La Spezia endlich von Bord schicken können.«
Alle schweigen. Ich überlege, ob der Kapitän mit mir einen Scherz macht. Aber sein Gesicht sieht besorgt aus.
»Ich soll sozusagen einen diplomatischen Menschenrechtsfall bearbeiten?« frage ich.
»Noch mehr als um Menschenrechte geht es um das ganz persönliche Leben von zwei Männern. Der ältere von ihnen hat gestern einen Selbstmordversuch unternommen.«
Ich habe plötzlich keinen Hunger mehr.

Die »Senator« läuft um vier Uhr morgens aus, aber ich glaube, ich werde dieses Ereignis verschlafen. Ich dusche mich kalt ab und rasiere mir den wochenalten Bart ab. Ist es Zufall, dass ich hier an Bord eine solche Aufgabe übernehmen werde? Meine Diplomarbeit trug den Titel: »Wie baut man kulturelle Barrieren in internationalen Verhandlungen ab.« Ich schlafe ein und versuche mich an den Inhalt des Werks zu erinnern.

Ich erwache nach Sonnenaufgang: Durch mein Bullauge sehe ich nur

Himmel und Meer. Ich steige an Deck und kann am Horizont noch die Umrisse von Savannah erkennen, der gastfreundlichsten Stadt meiner Reise.

Nach dem Frühstück erwartet mich der Kapitän auf der Kommandobrücke. Sie ist riesig und voller moderner Navigationsgeräte und Computer. Zwei kleine schwarze Räder ersetzen das große Steuerrad. Aber im Zentrum gibt es noch immer den traditionellen Kompass. Durch die Fensterscheiben ringsherum sieht man nur Meer, Meer und Meer.

Der Kapitän hört den Wetterbericht ab und bietet mir eine Tasse Tee an. »Der Wirbelsturm ›Bonnie‹ zieht nach Norden. Wenigstens das Problem ist erledigt«, sagt er. »Jetzt sprechen wir über mein anderes und größeres Problem. Meine blinden Passagiere.«

Er erzählt, dass die beiden vermeintlichen Algerier sich vor 20 Tagen in La Spezia an Bord geschlichen und im Rettungsboot versteckt haben.

»Aber sie hatten keinen Proviant dabei, und so ist einer von ihnen nachts in die Kombüse geschlichen, wo ihn einer unserer Tuvaluer erwischte, der ihn erst mal in eine improvisierte Gefängniszelle sperrte. Es stellte sich dann raus, dass er noch einen Kumpel dabeihat. Die beiden sind seit unserem dritten Reisetag eingesperrt und bekommen regelmäßig zu essen und zu trinken. Aber der ältere der beiden ist ziemlich nervös und hat sich die Venen aufgeschnitten. Wer weiß, ob wir ihn das nächste Mal retten können. Ich habe die Anwesenheit der Flüchtlinge an Bord in allen Häfen gemeldet und bin jetzt für sie verantwortlich. Aber ich kann mich kaum mit ihnen verständigen und weiß so gut wie nichts über die beiden Männer. Nur eines ist sicher: Kein Land will sie haben. Wenn sie in Italien nicht von Bord gehen dürfen, werden sie wahrscheinlich den Rest ihres Lebens auf der ›Senator‹ verbringen!«

Drei Tuvaluer begleiten mich als Leibwächter vor die »Gefängiszelle« am Heck des Schiffes. Die Tür zur Kajüte ist mit zwei Schlössern gesichert, das Gitter vor dem Bullauge der Algerier wurde festgeschweißt.

»Es ist zu gefährlich, da hineinzugehen. Sprich vorsichtshalber durch das Fenster mit ihnen«, warnt mich einer der Tuvaluer.

Ich kann nichts erkennen. Durch das Fenster sehe ich nur Dunkelheit und nehme den scharfen Geruch von Schweiß wahr.

»Salut les mecs!«, rufe ich ins Dunkel. Ein Gesicht taucht auf. Der Mann sieht aus wie der Doppelgänger von Papstattentäter Ali Ağca.

»Wer bist du?«
Ich stelle mich vor und frage ganz naiv: »Warum bist du im Kerker eines Frachters eingeschlossen?«
Der Mann lässt sich Mohammed nennen. Seinen richtigen Namen will er nicht verraten. Seine Version der Fakten stimmt weitestgehend mit der des Kapitäns überein. Am Ende zeigt er mir sogar seine verpflasterten Pulsadern.
»Ich habe nichts. Weder eine Heimat noch Familie. Ich habe nichts zu verlieren«, sagt Mohammed.
Vom Doppelstockbett steigt jetzt der zweite blinde Passagier herunter. Er sagt, er heiße Aziz und sei 20 Jahre alt. Die beiden Männer sprechen zunächst wenig. Sie wissen nicht recht, ob sie mir vertrauen können. Schließlich erfahre ich von Mohammed, dass er in Algerien als Terrorist gesucht wird und im Falle einer zwangsweisen Rückkehr zum Tode verurteilt werden würde.
Aziz hingegen erzählt, sein Vater sei ermordet worden und seine Mtter habe ihn, den ältesten Sohn, nach Europa geschickt, damit er ein wenig Geld verdienen und nach Hause schicken könne.
»Aber ich habe einfach keine ehrliche Arbeit gefunden. Uns bleibt doch in Südeuropa nichts anderes übrig, als zu stehlen oder mit Drogen zu dealen.«
Für heute habe ich genug erfahren. Ich lege meine Hand aufs Herz und verabschiede mich mit moslemischem Gruß.

Die Sonne beleuchtet die Krönchen der Wellen. Wirbelsturm »Bonnie« hat alle Wolken vertrieben. Die Tuvaluer an Bord kümmern sich um Wartungsarbeiten. Sie putzen, schleifen, malen, reparieren. Ich schaue ihnen zu.

Zum Abendessen gibt es Reis mit Hackbällchen aus Schweinefleisch. Zu Mittag gibt es Hackbraten. Es scheint, als würde der russische Koch stets nur Reste verwerten.

Im Speisesaal wird wenig gesprochen. Aber ich weiß ja inzwischen, dass Seeleute einsilbig sind. Das ganze Jahr über auf dem Meer, da ziehen sich alle in ihre Schneckenhäuser zurück. In der Kombüse allerdings, wo die dicken Tuvaluer ihre Mahlzeiten einnehmen, scheint heute etwas mehr los zu sein. Ich nähere mich der Küche und werde eingeladen, an ihrem Fest teilzunehmen. »Komm ruhig her, Italiener!« rufen mir die Seeleute zu. Einer von ihnen hat Geburtstag. Er heißt Ativari und wird 32, sieht aber durch seine Körperfülle, seinen langen grauen Bart und sein wettergegerbtes Gesicht mindestens zehn Jahre älter aus.

Ich habe kein Geschenk. Stattdessen führe ich ein paar meiner bewährtesten Zaubertricks vor. Ativari staunt amüsiert.
»Wie machst du das?« fragen die anderen im Chor.
»Pure Magie«, antworte ich lachend.

Am nächsten Morgen ruft mich der Kapitän in seinen Salon, um zu erfahren, was ich über die Algerier herausgefunden habe. »Wir müssen versuchen, zu beweisen, dass die beiden in Italien an Bord gegangen sind«, sagt der Kapitän. »Nur dann werden die Italiener sie zurücknehmen. Sonst müssen die beiden Männer den Rest ihres Lebens auf diesem Frachter verbringen, weil kein Land der Welt zwei Männer ohne Namen und ohne Pässe aufnimmt.«
Ich bekomme eine Mappe mit Faxen, die der Kapitän bereits an die italienischen Behörden, an die Polizei und an die Versicherung geschickt hat. Mein Auftrag lautet:
»Schreibe ein paar Seiten, auf denen du nachweist, dass die beiden Algerier schon vorher in Italien waren! Finde möglichst ihre wahre Identität heraus!«

Mein drei Tuvalu-Leibwächter bringen mich wieder zum Schiffskerker und wecken die blinden Passagiere. Ich versuche, ihnen ihre Situation zu erklären. Mohammed hört aufmerksam zu. Aber es sieht nicht so aus, als wäre er bereit, mit mir zusammenzuarbeiten.
»Nur Allah kann uns helfen«, ruft er aus. Sein Freund senkt den Kopf.
»Holt Aziz hier raus!« bitte ich die Tuvaluer. Sie wollen erst mit dem Kapitän sprechen. Der willigt ein, und ich darf Aziz ins Fernsehzimmer führen und ihm heißen Tee und Gebäck anbieten.
»Ich kann nicht nach Hause zu meiner Mutter zurückkehren. Ohne Geld. Das wäre eine furchtbare Blamage«, sagt Aziz.
»Warum wolltest du nach Amerika?«
»Dort gibt es alles. Dort ist das Paradies. Ich weiß das aus dem Fernsehen. Schau, ich habe ein gefälschtes Levi's-T-Shirt an. Ich wollte ein echtes haben. Ich weiß, die Pflicht eines jeden Moslems ist es, einmal im Leben nach Mekka zu reisen. Aber mich interessiert Mekka nicht. Ich will nur nach Amerika.«
Endlich gesprächig geworden, erzählt Aziz von seinem Aufenthalt in Italien. Ich schreibe alles mit, was für die italienischen Behörden von Bedeutung sein könnte.

Der Sonnenuntergang ist grandios. Der große rote Ball sieht wie eine Hostie aus, die in Wein getaucht wird. Ich betrachte das Schauspiel vom

Kerker der Algerier aus. »Als wir losgefahren sind, konnten wir von hier aus den Sonnenaufgang sehen. Jetzt sehen wir nur noch den Untergang«, sagt Mohammed deprimiert und klammert sich an das Gitter des Bullauges.

»Hey, Zauberer, isst du heute mit uns?« fragt Lanatu und schiebt mir einen Teller Suppe zu. Darin schwimmen kleine Schweinefleischhackbällchen. Die Tuvaluer versuchen, den russischen Koch zur Rede zu stellen. Doch der gibt nicht zu, nur Reste zu verwerten. Ich bitte ihn, etwas anderes als Schwein zuzubereiten. Denn die beiden Algerier essen seit einer Woche nur Brot, weil sie kein Schwein verzehren dürfen.

Wanatu, der jüngste Tuvaluer, lädt mich und drei Kollegen in seine Kajüte ein. Sie wird von Weihnachtslämpchen beleuchtet. Über seinem Schreibtisch hängen Fotos von Popstars. Wanatu hat eine Rastafrisur, die er mit Fischfett ölt, und zieht jetzt eine Gitarre hervor. »Meine Kajüte ist der Übungsraum der ›Angels in Hell‹: So heißt unsere Band.« Die anderen drei Crewmitglieder zeigen mir stolz ihre Tattoos mit dem Namen der Band.
»Wir treffen uns hier jeden Abend zum Üben. Wir wollen bald gut genug sein, um in allen Häfen dieser Welt aufzutreten«, sagt Wanatu. Er holt eine Kiste Bier unter seinem Bett hervor, und dann spielen die vier Songs von den Beatles und den Eagles. Es klingt furchtbar.

Aber als die Tuvaluer mir ihre Eigenkompositionen vorspielen, wird ihre Performance melodisch, exotisch und spannend. »Jedes Lied erzählt eine Legende der Insel Tuvalu«, sagt Wanatu.

Am nächsten Morgen habe ich einen Kater nach den fünf Bieren, die ich mit den »Angels in Hell« geleert habe. Das Schaukeln des Schiffes verschlimmert die Situation. Ich stopfe mich mit Marmeladentoast voll und gehe dann zu Mohammed und Aziz. Ich habe ihnen von meiner Reise erzählt, und Aziz will von mir alles über Amerika wissen.
»Sind die Amerikaner glückliche Menschen?« fragt er.
»Ich glaube, es gibt kein schöneres Land und keine glücklicheren Menschen«, sage ich. »Aber Amerika ist trotzdem anders, als du es aus den Fernsehfilmen kennst.«
Mohammed liegt auf seiner Pritsche und scheint nicht zuzuhören. Ich bitte ihn, mir von seinem Leben in Italien zu berichten. Und er erzählt, dass er wegen Drogenhandels im römischen Gefängnis Regina Coeli gesessen

hat und anschließend in einen Knast auf Sardinien verlegt wurde.
»Aber ich habe jedes Mal einen anderen Namen angegeben«, sagt Mohammed.
»Aber die Polizei hat Fotos von dir und deine Fingerabdrücke?« frage ich.
»Ja, sicher«, antwortet Mohammed.

Ich telefoniere mit der italienischen Hafenwacht in La Spezia und mit der Polizei. Schließlich finde ich einen Beamten, der verspricht, sich für unseren Fall zu interessieren. An Bord gibt es eine Polaroidkamera, und ich darf Mohammed und Aziz fotografieren, ihre Fingerabdrücke nehmen und alles einscannen. Über Internet maile ich die Fotos und Daten nach Italien und hoffe, dass die Beamten der Sache nachgehen werden, bevor wir in La Spezia einlaufen.

Als ich zur Zelle zurückkehre, knien Mohammed und Aziz auf dem Boden und beten.

Am Abend laden mich die Matrosen zu Whisky und Zigaretten ein. Wir sitzen auf dem feuchten Deck am Bug des Schiffes, lassen die Flasche kreisen und bewundern wortlos den Sternenhimmel. Wenn es einen Urknall gegeben hat, sind auch wir nur Sternenstaub.

Am nächsten Morgen erwache ich schon um fünf Uhr. Komisch, aber in letzter Zeit schafe ich immer weniger. Dabei fühle ich mich eigentlich ziemlich kaputt, und mein Handgelenk schmerzt noch immer. Aber trotzdem genieße ich diese letzten Tage meiner Reise. Zum ersten Mal denke ich mit Wehmut an meine Rückkehr nach Italien. Dabei hat es in den letzten Wochen so viele Momente gegeben, in denen ich hoffte, so schnell wie möglich wieder zu Hause zu sein. Jetzt weiß ich, dass mich zu Hause wieder Fernweh plagen wird.

Heute wird es nicht richtig hell: Dichter Nebel hüllt das Schiff ein. Es ist keine Menschenseele an Deck. Ich spaziere an den Containern entlang und höre plötzlich ein seltsames Zwitschern. Im Halbdunkel erkenne ich eine Gruppe von Vögeln, die in einer Höhle unter einem Container Schutz gesucht haben. Plötzlich steht Wanatu neben mir: »Diese Zugvögel haben sich vor der amerikanischen Küste bei uns eingenistet. Die sind auf dem Weg nach Nordafrika. Wir haben häufig diese gefiederten blinden Passagiere an Bord. Aber ich habe keine Ahnung, woher die wissen, wohin ein Frachter fährt.«

Heute durchqueren wir die Azoren vor Portugal. Am Horizont erkennen wir das erste Mal seit acht Tagen wieder Land: Es ist die Insel Pico. Ich frage beim Kapitän nach, ob es Neuigkeiten von den italienischn Behörden gibt. Aber es ist kein Fax, keine E-Mail eingetroffen.

Mohammed und Aziz sprechen nicht mehr. Ich habe ihnen ein kleines Radio gebracht, aber die Musik heitert sie auch nicht auf. Wir verbringen viele Stunden zusammen. Meistens schweigend. In zwei Tagen entscheidet sich ihr Schicksal: Entweder dürfen sie in Italien das Schiff verlassen, oder sie müssen noch mindestens bis Singapur an Bord bleiben.

Durch die Meerenge von Gibraltar erreichen wir das Mittelmeer: Willkommen zu Hause. Wir gleiten durch stille Gewässer. Am Abend erreichen wir Valencia. Die Crew hat Ausgang.

Der Kapitän hat seine blaue Uniform mit den goldenen Litzen angelegt. Die Tuvaluer sind in heller Aufregung. Sie haben sich frisch geduscht, rasiert, parfümiert, ihre besten Klamotten angezogen. Nur Talyia läuft barfuß, seine Harpune in der Hand, auf die Mole: »Wunderbar!« ruft er glücklich. »Hier ist alles voller Quallen. Die koch' ich mir zum Abendessen.«

Ich bin mit Lanatu und Maluna verabredet, um etwas zu tun, was sie mir nicht verraten wollen. Beide tragen weiße Hosen und rote T-Shirts in XXL: Sie sehen aus wie übergewichtige Zwillinge. Sie wissen, dass sie für mich bezahlen müssen, wenn wir etwas trinken gehen. Aber sie brauchen mich wohl als Dolmetscher. Als ich an Land gehe, bin ich aufgeregt: Ich befinde mich wieder in Europa, fast schon zu Hause.

Im Taxi erreichen wir das Stadtzentrum von Valencia, und die beiden Tuvaluer schleppen mich in die erstbeste Bar und bestellen große dunkle Biere. Während meine Freunde sich an einer üppigen Blondine kaum satt sehen können, schaue ich mir die Spanier in der Bar an. Ich bin wieder auf meinem Kontinent, aber in diesem Moment fühle ich mich den beiden Tulavuer viel näher als den anderen Leuten hier in der Bar. Nach dem sechsten Bier zerschmettert Maluna den Krug auf der Erde. Wir gehen.

»Jetzt wollen wir uns amüsieren«, sagt Lanatu und führt uns direkt auf den Strich von Valencia. Hier stehen nur farbige Huren. Wir werden sofort von einer Gruppe praktisch nackter Damen umringt, die uns jede Art von Dienstleistung anbieten. Meine beiden Freunde stehen schüchtern hinter mir wie zwei betrunkene Teenager und flüstern mir ins Ohr: »Was Schnelles!«

Zwei Huren nehmen Lanatu und Maluna an die Hand und führen sie hinter einen Lastwagen. Ich muss nicht lange warten, da kehren sie schon zurück, mit einem glücklichen Lächeln auf den Lippen.
Als wir auf das Schiff zurückkehren, probiert Talyia gerade eine gekochte Qualle.

In den letzten Stunden meiner Reise warte ich mit klopfendem Herzen auf eine Nachricht der italienischen Behörden. Irgendwie habe ich das Gefühl, dass der Erfolg meiner gesamten Reise jetzt davon abhängt, ob die beiden Algerier das Schiff verlassen dürfen. Wir sehen schon die malerische Bucht von La Spezia, und noch immer haben wir keine Antwort von der Polizei.

Meine Tuvalu-Freunde überreichen mir eine Muschelkette und einen Brief, den ich aber erst nach meiner Ankunft in Italien aufmachen darf. Ich verspreche ihnen, irgendwann ihre Heimat zu besuchen. Während wir uns umarmen, ruft mich der Kapitän zu sich. Er strahlt mich an und klopft mir auf die Schulter. »Gut gemacht!« sagt er. »Ich habe gerade ein Fax bekommen: Unsere blinden Passagiere dürfen in La Spezia von Bord gehen und einen Antrag auf politisches Asyl stellen. Du hast ihnen geholfen und mich von einer Last befreit. Wenn du das nächste Mal eine Ozean-Überfahrt machen willst, melde dich bei mir!« Ich bin so gerührt, dass mir die Tränen kommen.

Während der Frachter anlegt, sehe ich zwei Tuvaluer, die Mohammed und Aziz an Deck führen. Ich laufe zu ihnen hinüber und umarme beide mit Tränen in den Augen. Zum ersten Mal sehe ich Mohammed lächeln. »Salam alaikum«, sagt er zu mir. »Friede sei mit dir.«

Dann gehe ich von Bord. Unten an der Mole warten Fernsehteams, Fotografen und Journalisten auf mich. Offensichtlich ist es eine Nachricht, dass ich es geschafft habe, ohne Geld und Gepäck, nur dank der Hilfe anderer Menschen, einmal um die Welt zu reisen.

Für mich war die Reise eine großartige Herausforderung. Ich habe gelernt, dass die Menschen weltweit großherzig und großzügig sind, wenn man sich ihnen frei und offen gegenüberstellt: Ohne Forderungen, ohne Vorurteile, ohne Geld, ohne Gepäck.

Tipps für Weltenbummler

Hier ein paar Tipps für Menschen, die mit begrenztem Bugdet möglichst weit reisen wollen.

Annäherung

Um mit Fremden nützliche Kontakte zu knüpfen, muss man zunächst die anvisierte Person genau beobachten. Dann sollte man, möglichst freundlich lächelnd, eine unverfängliche Frage stellen. Wenn der Fremde gerade eine Sportzeitung liest, kann man nach Fußballergebnissen fragen. Wenn er Blumen verkauft, fragt man nach dem Namen einer Pflanze und erzählt, dass es so etwas zu Hause nicht gibt. Einfache Komplimente sind immer hilfreich. Niemals sollte man um konkrete Hilfe bitten, bevor der Fremde nicht in ein Gespräch verwickelt wurde und Fragen an dich stellt.

Backpacker

So heißen in Australien billige, meist sehr gut organisierte Herbergen für Rucksackreisende, die es inzwischen weltweit gibt. Für 10 bis 15 Dollar am Tag gibt es hier ein Bett, Badbenutzung, oft eine Mahlzeit und jede Menge Kontakte mit anderen Low-Budget-Reisenden aus fünf Kontinenten. Unbedingt empfehlenswert.

Banken

Wer mit wenig Geld reist, hat nichts zu verlieren. Deshalb Vorsicht vor spontanem Schwarztauschen! Wer in einem neuen Land ankommt, sollte zunächst eine kleine Geldsumme in einer Bank gegen einheimische Valuta tauschen, um den offiziellen Wechselkurs zu kennen und Münzen und Scheine zu studieren. Wer so informiert ist, kann später auf dem Schwarzmarkt durchaus gute Geschäfte machen.

Gepäck

Weniger ist mehr. Auf weiten langen Reisen sollte man nur drei Gepäckstücke dabeihaben: Einen robusten, aber möglichst leichten regenfesten Rucksack. Einen Bauchgurt für alles, was man schnell zur Hand haben sollte, wie Fotoapparat, Sonnenbrille usw. Und einen Brustbeutel oder eine Gürteltasche für Geld und Dokumente.

Getränke

Zitronentee oder Bier, gemischt mit Zitronenlimonade oder Cola, sind weltweit billig zu haben, löschen den Durst und bringen Energie.

Handeln

Preise herunterzuhandeln ist in beinahe allen armen Ländern möglich. Aber man sollte bitte auch als Low-Budget-Reisender nicht die Armut von Rikscha-Fahrern oder Straßenhändlern ausnutzen, um Dinge oder Dienstleistungen unter Wert zu bekommen.

Internet

Vergesst alle Reisebüros und alle Touristikunternehmen. Zu Hause am Computer, via Internet, lässt sich jede Reise am besten planen, buchen und bezahlen. Von den Informationen über die politische Lage im Reiseland bis zum Foto von eurem Hotelzimmer kann man über Internet alles haben. Und beim Chatten kann man auch Freunde im Reiseland finden, bevor man überhaupt losgefahren ist.

Jobs

Jobbend seine Reisekasse aufzubessern ist natürlich ideal. In Frankreich ist soeben ein Buch mit dem Titel »Guide de Job Trotter« – Edition Dakota – erschienen, das mehr als 50 000 Jobadressen in aller Welt enthält.

Kirchen

Die Kirche ist ein heiliger Ort und sollte als solcher respektiert werden. Aber sie bietet in Momenten der Not auch Zuflucht und die Möglichkeit, Menschen anzusprechen, die wahrscheinlich ein offenes Ohr für eure Sorgen haben. Mit Priestern zu sprechen bringt nützliche Informationen und oft auch eine Einladung zu einer Mahlzeit in der Pfarrei oder in der Armenküche.

Kleidung

Es ist nicht nötig, viel Kleidung mitzuschleppen, wenn man sich vor der Abreise über das Klima im Reiseland informiert. Am besten fährt man nur mit dem Allernötigsten ab und kauft vor Ort, was man wirklich braucht. Einheimische Textilien sind nirgendwo teuer, in Asien extrem billig. Wichtig sind allerdings gute Schuhe (siehe unten). Wer doch zu viel dabeihat, sollte seine Westkleidung in Dritte-Welt-Ländern einfach verschenken.

Kommunikation

Telefonieren ist teuer, außer man lässt den Angerufenen bezahlen, und das ist wenig elegant. Wer sich zu Hause melden will, sollte lieber eine Seite Papier eng beschreiben und faxen. Beinahe jedes Hotel der Welt hat ein Faxgerät. Noch billiger ist es, E-Mails zu verschicken. In Cyber-Cafés, Geschäften der Kette Kinko's, vielen Computerläden oder öffentlichen Bibliotheken darf man das Internet oft gratis benutzen. Also vor der Abreise eine E-Mail-Adresse anschaffen! Die gibt es inzwischen ebenfalls bei vielen Anbietern, zum Beispiel hotmail.com, gratis. Wer mir schreiben möchte, kann mich unter der folgenden E-Mail-Adresse erreichen: *mpennacchi@hotmail.com*

Kompass

Ein leichter Kompass kann nützlich sein, wenn man per Autostopp durch Arizona oder die australische Wüste reist. In Städten ist er unbrauchbar.

Luxushotels

Sie sind ungeheuer nützlich wegen ihrer herrlichen Waschräume und Toiletten. Man kann aber auch in ihren Empfangshallen in bequemen Sesseln ausruhen und internationale Zeitschriften lesen. Man braucht gar nichts auszugeben, wenn man dem Kellner sagt, man erwarte einen Freund. Aber hier einen Kaffee zu trinken ist eine nützliche Investition, weil man sich damit Stunden aufhalten und Kontakte mit gut situierten Menschen knüpfen kann. Man sollte sich allerdings ohne seinen Rucksack und in möglichst sauberer Kleidung präsentieren und sich so selbstverständlich wie möglich verhalten.

Penner

In Notzeiten sind sie diejenigen, die genau wissen, wo man ein warmes Gratisnachtquartier oder eine heiße Suppe bekommt.

Pflaster

Wer nicht viel Geld hat, läuft viel zu Fuß und holt sich Blasen. Deshalb gehören Pflaster unbedingt ins Gepäck.

Reiseführer

Sehr nützlich. Für Low-Budget-Reisen empfehlen sich die Reihen »Lonely Planet«, »Rough Guide« und der »Guide de Routard«. Aber die besten Infos bekommt man vor Ort, im Ge-

Lebenswichtig für Rucksacktouristen: gutes Schuhwerk.

spräch mit Einheimischen und anderen Reisenden.

Schuhe

Gute Schuhe sind lebenswichtig. Vergesst Leinenturnschuhe und Birkenstocks. Ich empfehle gute, eingelaufene, knöchelhohe Treter aus leichtem Leder, die mit Fett imprägniert werden. Oder Wanderschuhe aus Goretex. Ein Paar reicht, wenn man auch noch ein Paar Sandalen für den Strand oder nicht sehr saubere Waschräume dabeihat.

Sponsor

Wer eine wirklich außergewöhnliche Reise plant, hat gute Chancen, Sponsoren zu finden. Firmen stellen allerdings selten Geld, sondern Material zur Verfügung. Wer Geldgeber sucht, muss vor der Reise beweisen, dass die Medien sein Unternehmen begleiten.

Taschenmesser

Ein gutes Schweizer Taschenmesser gehört zur dringend notwendigen Reiseausstattung.

Touristen

Natürlich sind Orte voller Touristen grundsätzlich eher zu meiden, denn Touristenrummel zerstört den Zauber eines jeden Ortes. Aber wenn ihr in Schwierigkeiten steckt, sind Touristen in der Regel bessere Ansprechpartner als Einheimische. Sie sprechen eure Sprache, sie können sich in eure Probleme hineinversetzen, sie befinden sich im Urlaub und haben deshalb mehr Zeit und ein offeneres Ohr als im Alltag.

Transport

Natürlich ist es am billigsten, per Autostopp zu reisen oder auf Frachtzüge aufzuspringen. Aber diese Methoden, gratis voranzukommen, sind unzuverlässig und gefährlich. Besser ist es, vor der Reise bei Reedereien, Touristikunternehmen, Busreise- oder Transportfirmen um einen Platz »an Bord« im Tausch gegen Arbeit zu bitten.

Versicherung

Eine internationale Krankenversicherung mit Heimtransport für Notfälle kostet, ist aber in jedem Fall eine notwendige Investition vor weiten Reisen.

Visitenkarten

Man sollte sich vor der Reise jede Menge eleganter Visitenkarten mit Heimat- und E-Mail-Adresse zulegen. Sie bei Gelegenheit herausziehen und verteilen zu können, wenn man abgerissen und schmutzig unterwegs ist, verleiht einem Glaubwürdigkeit.

Wartesäle

Wer mit wenig Geld weit reist, braucht viel Geduld. Statt sich über lange Wartezeiten an Bahnhöfen, Bushaltestellen, in Häfen oder Flughäfen zu ärgern, sollte man den ruhigen Aufenthalt zum Entspannen oder zum Kontaktknüpfen nutzen. Wartesäle sind der ideale Ort, um Fremde anzusprechen. Und in Notfällen sind sie geschützte Schlafplätze.